La trata de esclavos en el Atlántico

Un apasionante recorrido por la colonización europea y la esclavitud en el Nuevo Mundo

© Copyright 2024

Todos los derechos reservados. Ninguna parte de este libro puede ser reproducida de ninguna forma sin el permiso escrito del autor. Los revisores pueden citar breves pasajes en las reseñas.

Descargo de responsabilidad: Ninguna parte de esta publicación puede ser reproducida o transmitida de ninguna forma o por ningún medio, mecánico o electrónico, incluyendo fotocopias o grabaciones, o por ningún sistema de almacenamiento y recuperación de información, o transmitida por correo electrónico sin permiso escrito del editor.

Si bien se ha hecho todo lo posible por verificar la información proporcionada en esta publicación, ni el autor ni el editor asumen responsabilidad alguna por los errores, omisiones o interpretaciones contrarias al tema aquí tratado.

Este libro es solo para fines de entretenimiento. Las opiniones expresadas son únicamente las del autor y no deben tomarse como instrucciones u órdenes de expertos. El lector es responsable de sus propias acciones.

La adhesión a todas las leyes y regulaciones aplicables, incluyendo las leyes internacionales, federales, estatales y locales que rigen la concesión de licencias profesionales, las prácticas comerciales, la publicidad y todos los demás aspectos de la realización de negocios en los EE. UU., Canadá, Reino Unido o cualquier otra jurisdicción es responsabilidad exclusiva del comprador o del lector.

Ni el autor ni el editor asumen responsabilidad alguna en nombre del comprador o lector de estos materiales. Cualquier desaire percibido de cualquier individuo u organización es puramente involuntario.

Índice

INTRODUCCIÓN 1
CAPÍTULO 1: LOS ORÍGENES DE LA TRATA DE ESCLAVOS 4
CAPÍTULO 2: EL COMERCIO TRIANGULAR ATLÁNTICO: UNA RED DE EXPLOTACIÓN 12
CAPÍTULO 3: LOS HORRORES DEL PASAJE DEL MEDIO 27
CAPÍTULO 4: RAÍCES AFRICANAS: LAS SOCIEDADES DESARRAIGADAS POR LA TRATA DE ESCLAVOS 34
CAPÍTULO 5: EL NEGOCIO DE LA TRATA DE SERES HUMANOS 45
CAPÍTULO 6: EL SISTEMA DE PLANTACIONES EN EL NUEVO MUNDO 55
CAPÍTULO 7: EL COSTO HUMANO DE LA TRATA DE ESCLAVOS 65
CAPÍTULO 8: MOVIMIENTOS DE ABOLICIÓN: LA LUCHA POR LA LIBERTAD Y LA IGUALDAD 72
CAPÍTULO 9: EL LEGADO DE LA TRATA ATLÁNTICA DE ESCLAVOS 87
CAPÍTULO 10: REEXAMINANDO LA HISTORIA: PERSPECTIVAS CRÍTICAS SOBRE LA TRATA DE ESCLAVOS 96
CONCLUSIÓN 101
VEA MÁS LIBROS ESCRITOS POR ENTHRALLING HISTORY 103
BIBLIOGRAFÍA 104
FUENTES DE IMÁGENES 114

Introducción

Elmina es una hermosa ciudad pesquera de la costa de Ghana. Es un enclave sacado de una postal que los turistas adoran visitar por su brisa marina y su encanto. Elevándose sobre el puerto se encuentra el castillo de Elmina, situado en un estrecho promontorio cercano al océano Atlántico. Sin embargo, no es el castillo de cuento de hadas de una película de Disney, ni el escenario de finales felices. El castillo de Elmina es el edificio europeo más antiguo encontrado en el África subsahariana. Era un puesto comercial y los productos que contenían sus muros eran seres humanos. El castillo de Elmina fue parte integrante de la trata de esclavos en el Atlántico, y su siniestra historia forma parte de un relato aún más oscuro.

La trata de esclavos en el Atlántico sigue siendo uno de los episodios más devastadores y controvertidos de la historia de la humanidad. Originado en el siglo XV con la exploración marítima de las potencias europeas, el comercio de esclavos se convirtió en un complejo entramado transcontinental que implicó a múltiples naciones y culturas, así como a millones de vidas humanas.

Durante un periodo de aproximadamente cuatro siglos, se calcula que más de doce millones de africanos fueron obligados a abandonar su tierra natal y sometidos a los horrores del Pasaje del medio —un espantoso viaje a través del Atlántico— antes de ser vendidos como esclavos en las Américas.

El comercio atlántico de esclavos no comenzó de la nada. La esclavitud existía en África antes de la llegada de los comerciantes europeos, aunque en una forma y escala diferentes. En un principio, los europeos llegaron a las costas africanas en busca de oro, especias y otras mercancías exóticas. Sin embargo, el descubrimiento del Nuevo Mundo creó una enorme demanda de mano de obra para explotar los recursos naturales de las Américas. Las poblaciones indígenas de las colonias sufrieron masivas bajas por enfermedades y exceso de trabajo, lo que hizo necesaria una mano de obra alternativa. Así nació el comercio transatlántico de esclavos, un sistema triangular que implicaba a Europa, África y América.

El típico «comercio triangular» comenzó con barcos europeos cargados de mercancías como armas de fuego, alcohol y textiles que navegaban hacia las costas africanas. Estas mercancías se intercambiaban por africanos esclavizados, que luego eran embarcados a través del Atlántico. A su llegada a América, se vendían a los supervivientes de la travesía y se cargaban los barcos con mercancías americanas como azúcar, tabaco y algodón, que regresaban a Europa. Este ciclo, que se repitió a lo largo de los siglos, implicó a múltiples potencias europeas, como los portugueses, los españoles, los holandeses, los británicos y los franceses.

Para comprender mejor la trata atlántica de esclavos es necesario reconocer la implicación de los estados y tribus africanas. Reinos como Dahomey, Asante y Oyo desempeñaron un papel fundamental en la captura y venta de sus compatriotas o tribus rivales a los comerciantes europeos. Para estos estados, el comercio de esclavos era una fuente de poder, riqueza y acceso a bienes cruciales como las armas de fuego. Sin embargo, la dinámica interna distaba mucho de ser sencilla, ya que incluso dentro de estos estados beneficiarios, las opiniones y la implicación en la trata de esclavos variaban significativamente, creando una compleja narrativa de complicidad y victimismo.

El apuntalamiento económico del comercio atlántico de esclavos era formidable. En África, la fuga de un gran segmento de la población provocó el estancamiento económico y la desintegración social. Las comunidades se desintegraron, las economías locales quedaron arruinadas y el progreso tecnológico y social se vio obstaculizado. Las fracturas sociales creadas por la trata de esclavos tuvieron repercusiones durante mucho tiempo, contribuyendo a la inestabilidad política y al subdesarrollo de muchas naciones africanas.

La trata de esclavos en el Atlántico fue un capítulo devastador de la historia de la humanidad, cuyas consecuencias siguen resonando en la actualidad. Examinemos primero cómo empezó todo.

Capítulo 1: Los orígenes de la trata de esclavos

La esclavitud existía en África Occidental mucho antes de que llegaran allí los europeos. Durante siglos existió en la región un robusto mercado de seres humanos.

El trabajo forzado, incluida la esclavitud, tiene una larga y dolorosa historia, y sigue existiendo en diversas formas en la actualidad. A pesar de la condena universal que recibe y de las cuestiones morales y éticas que plantea, la institución de la esclavitud se ha racionalizado históricamente —y a veces contemporáneamente— a través de las necesidades económicas y sociales percibidas.

Una de las razones más citadas para el trabajo forzado y la esclavitud ha sido la ventaja económica de disponer de una mano de obra barata o gratuita. Ya se tratara del trabajo agrícola en el sur de Estados Unidos, de la minería en el África colonial o de los talleres clandestinos de hoy en día, el razonamiento que se suele dar es que la mano de obra barata proporciona crecimiento económico y prosperidad. La esclavitud proporciona una mano de obra gratuita que permite a los empresarios maximizar sus beneficios.

Uno de los aspectos más oscuros de la justificación social de la esclavitud era la idea de que proporcionaba una forma de control social. Se pensaba que subyugando a un grupo de personas se podían mantener más fácilmente las jerarquías sociales. La noción de que ciertos grupos eran naturalmente aptos para la subyugación se utilizó para legitimar el trabajo forzado. Aunque ampliamente desacreditado y moralmente indefendible, este argumento proporcionaba una justificación conveniente para quienes se beneficiaban de la institución, especialmente durante la época del comercio atlántico de esclavos[1].

La trata de esclavos musulmana

Había demanda de mano de obra humana forzada en los mercados del norte de África y los gobernantes de África Occidental estaban dispuestos a satisfacerla. Se calcula que hasta nueve millones de personas fueron arreadas hacia el norte a lo largo de las rutas del comercio transahariano de esclavos[2].

Una de las principales razones por las que los musulmanes se dedicaban al comercio de esclavos era la necesidad de mano de obra. Los esclavos se utilizaban a menudo en la agricultura, en las minas y como sirvientes domésticos. Una economía que requería mucha mano de obra creó una demanda de esclavos.

El comercio de esclavos era una empresa rentable y se convirtió en una parte esencial de la economía de algunos estados y comerciantes musulmanes. Los esclavos se consideraban mercancías valiosas y se comerciaba con ellos junto con bienes como especias, textiles y oro.

El historiador ghanés Akosua Perbi ha señalado que la esclavitud autóctona en Ghana y otras partes de África Occidental existía desde el siglo I de nuestra era. El trabajo forzado adoptaba diversas formas, como la servidumbre por contrato, y en las zonas que no eran musulmanas, la esclavitud desempeñaba un papel menor en la economía. Sin embargo, estos primeros mercados no eran ni de lejos tan extensos como llegaron a ser en siglos posteriores.

---

[1] LDHI. (2023, 8 de septiembre). *Slavery before the Trans-Atlantic Trade.* Extraído de Africn Passages, Lowcountry Adaptations:
https://ldhi.library.cofc.edu/exhibits/show/africanpassageslowcountryadapt/introductionatlanticworld/slaverybeforetrade.

[2] Thothios.com. (2023, 8 de septiembre). *The Causes and Effects of the Trans-Saharan Trade.* Extraído de Thothios.com: https://www.thothios.com/c-1200-to-c-1450/unit-2-networks-of-exchange/trans-saharan-trade/.

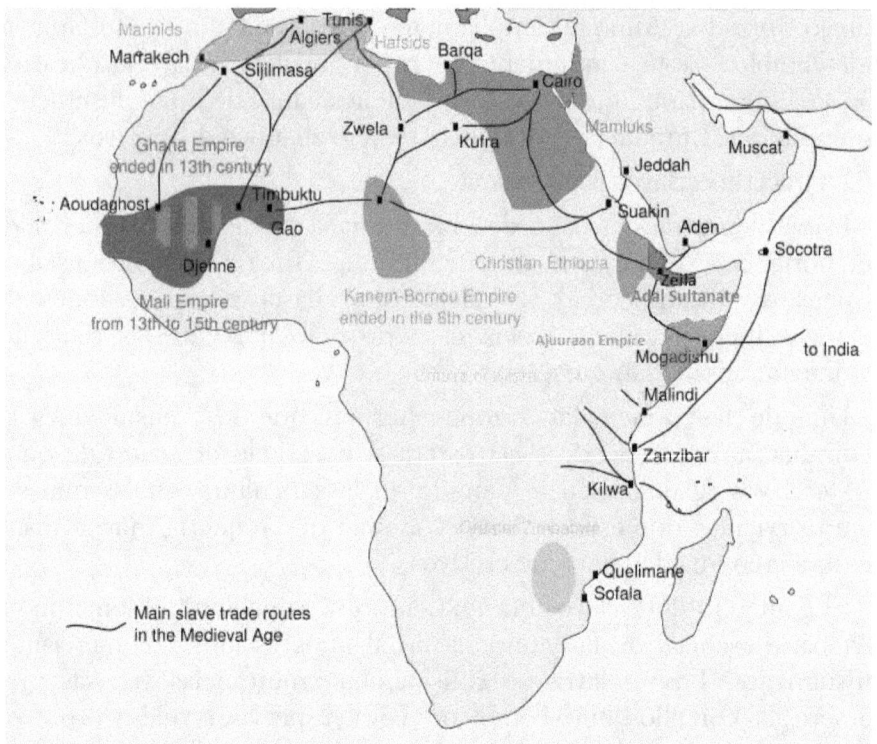

Las principales rutas del comercio de esclavos en África durante la Edad Media[1]

El transahariano tenía rutas de comercio de esclavos hacia el Imperio de Ghana y el Imperio de Malí durante la Edad Media.

El imperio de Ghana

El Imperio de Ghana no estaba situado en lo que hoy es el estado moderno de Ghana. De hecho, estaba más cerca de Senegal. El Imperio de Ghana comerciaba a lo largo de las rutas transaharianas y los esclavos formaban parte de sus transacciones comerciales. El Imperio de Ghana había desaparecido en el momento de la llegada de los europeos a África Occidental, pero contribuyó a sentar las bases de la adquisición y venta de esclavos en la región.

El Imperio maliense

El Imperio de Malí fue un importante Estado de África Occidental en la Baja Edad Media. Ibn Battuta escribió sobre la riqueza y el prestigio de Mansa Musa, quien gobernó Malí a principios del siglo XIV. La esclavitud y el tráfico de personas formaban parte del tejido del Imperio maliense. Al parecer, Mansa Musa poseía miles de esclavos. Muchos de ellos trabajaban en las minas de cobre de Malí.

La esclavitud en África

La esclavitud era a menudo la consecuencia de la guerra entre pequeños estados en África Occidental. Los soldados capturados se consideraban parte del botín de guerra. Los africanos no solían sentir remordimientos por esclavizar a sus rivales porque estos eran considerados forasteros. Los esclavos solían ser prisioneros de guerra capturados en incursiones, pero hubo personas que se convirtieron en esclavos para saldar deudas pendientes[3].

La ley islámica proporciona algunas directrices para el trato de los esclavos que son diferentes de las de otras sociedades esclavistas. El Corán y los hadices (dichos y acciones del profeta Mahoma) aconsejan amabilidad hacia los esclavos y proporcionan vías para su libertad. Sin embargo, estas protecciones eran a menudo más aplicables a los esclavos musulmanes que a los no musulmanes.

Los esclavos no musulmanes solían tener menos derechos y protecciones en comparación con sus homólogos musulmanes. Su trato variaba según la época, el lugar y sus amos. Algunos esclavos no musulmanes pudieron ascender a puestos importantes de poder, mientras que otros soportaron duras condiciones. Los esclavos que se convertían al islam solían recibir mejor trato y tenían más posibilidades de manumisión.

Aunque la ley islámica ofrecía algunas protecciones a los esclavos, estas no se aplicaban universalmente y los esclavos no musulmanes se encontraban a menudo en situaciones precarias. La práctica de la castración, aunque no estaba universalmente consentida, formaba parte del comercio de esclavos, y plantea cuestiones éticas y morales que siguen siendo objeto de debate académico.

La castración se practicaba sobre todo a los esclavos traídos de África Central y Oriental. Los varones castrados, a menudo denominados eunucos, desempeñaban diversas funciones, entre ellas como guardias de harenes y altos funcionarios. La ley islámica prohíbe la mutilación, pero la castración se realizaba a menudo antes de que los esclavos entraran en los territorios islámicos. Normalmente la realizaban comerciantes no musulmanes. La castración era un procedimiento arriesgado, con una alta tasa de mortalidad, lo que convertía a los

---

[3] Pbs.org. (2023, 8 de septiembre). *Confronting the Legacy of the African Slave Trade.* Extraído de The Slave Kingdoms: http://www.pbs.org/wonders/Episodes/Epi3/slave_2.htm.

eunucos en mercancías muy valiosas.

Una diferencia importante entre la trata transahariana y la trata atlántica es que en la primera los esclavos tenían ciertos derechos que debían respetarse. Algunos esclavos (no todos) podían casarse y tener propiedades, y hubo casos en los que los esclavos fueron soldados o tuvieron poder político.

Hubo reinos de África Occidental que desempeñaron un papel notable como intermediarios, capturando, comerciando y vendiendo esclavos a europeos y musulmanes. Se los conoce como los «reinos esclavistas» y tenían diversas motivaciones para participar en el comercio de esclavos. Tenían un sistema bastante desarrollado cuando llegaron los europeos.

La dinámica del poder fue quizá la que más estimuló el comercio de esclavos. La subyugación de los grupos rivales y la afirmación de las jerarquías sociales se veían favorecidas por la participación en el comercio de esclavos. En otras palabras, un reino podía deshacerse de sus enemigos y rebeldes potenciales vendiéndolos.

Los reinos africanos también querían productos europeos, especialmente armas de fuego. De hecho, podría decirse que el comercio de armas era casi simbiótico con el comercio de esclavos. Se creó un círculo vicioso en el que un reino africano, armado con armas europeas, podía capturar aún más esclavos para venderlos por otros productos.

En cierto sentido, el comercio de esclavos se volvió altamente adictivo. Los ingresos generados por la venta de cautivos de guerra permitieron a los reinos disponer de recursos que de otro modo no estarían disponibles. En algunos casos, la esclavitud era un pilar económico que sustentaba todo, incluidas las infraestructuras públicas.

Las ganancias económicas fortalecieron al ejército y las consolidaciones internas de poder fueron notables entre los reinos de la costa atlántica de África. No hay duda de que esos estados se beneficiaron del comercio, pero en última instancia crearon un sistema que tuvo efectos devastadores en África.

El reino de Dahomey

Situado en lo que hoy es Benín, la economía del reino de Dahomey dependía en gran medida del comercio de esclavos, y el reino lo veía como una vía de crecimiento económico y dominio político.

Dahomey era una monarquía absoluta con una sociedad estratificada. El reino era militarista y la toma de cautivos para venderlos como esclavos era un objetivo político. La esclavitud aportaba ingresos que financiaban las empresas militares y políticas. Las armas de fuego europeas que se recibían a cambio de esclavos ampliaron las capacidades militares de Dahomey[4].

Dahomey fue un importante proveedor durante la trata de esclavos en el Atlántico. Aunque se ejerció cierta presión sobre el reino para que redujera su participación en la venta de seres humanos, se calcula que Dahomey contribuyó hasta en un 20 % al comercio total de esclavos a finales del siglo XVIII[5].

El Imperio asante

Otro actor importante en el comercio de esclavos fue Asante. Situado en lo que hoy es Ghana, el Imperio asante (también conocido como Imperio ashanti) comerciaba con oro, marfil y esclavos a cambio de mercancías europeas. Los asante utilizaron el comercio de esclavos como medio para consolidar su poder sobre los estados vecinos y reforzar las jerarquías sociales. El Imperio asante tenía una elaborada estructura política que se financiaba con el comercio de esclavos.

Los esclavos eran utilizados en los hogares, en las granjas o en el ejército. Los asante consideraban la esclavitud como una institución natural consagrada por el tiempo. Había sido practicada por sus antepasados, y contaba con la sanción y la aprobación de los dioses[6].

El Imperio oyo

El Imperio oyo era un poderoso estado yoruba situado en lo que hoy es Nigeria. El comercio de esclavos permitió a los oyo mantener un complejo sistema militar y político. A medida que las armas de fuego se hacían cada vez más esenciales para cualquier ventaja militar, el Imperio oyo descubrió que era beneficioso intercambiar esclavos por armas europeas.

---

[4] McKenna, A. (2023, 8 de septiembre). *Dahomey.* Extraído de Britannica.com: https://www.britannica.com/place/Dahomey-historical-kingdom-Africa.
[5] Team, T. E. (2019, 11 de noviembre). *The History of the Kingdom of Dahomey.* Extraído de Blackhistorymonth.org: https://www.blackhistorymonth.org.uk/article/section/pre-colonial-history/the-history-of-the-kingdom-of-dahomey/.
[6] Matthews, L. (2020, 23 de septiembre). *Slavery in the Asante Empire of West Africa.*

Los oyo adquirieron acceso a la costa atlántica a través de reinos subordinados, lo que permitió al imperio tener acceso al comercio europeo. El imperio oyo utilizaba mano de obra esclava en las granjas reales, y cualquier excedente de mano de obra era vendido. A la larga, su dependencia del comercio de esclavos como fuente de ingresos le causó graves problemas cuando esta práctica en el Atlántico empezó a disminuir[7].

El reino del Congo

El reino del Congo se encontraba en las actuales Angola y República Democrática del Congo. Era el Estado dominante de la costa centro-occidental africana. Congo proporcionó el mayor número de esclavos que fueron enviados a América. Esto ha sido verificado por estudios genéticos que muestran un legado de congoleños en los genomas americanos y caribeños.

Los congoleños comerciaban principalmente con los portugueses, y el comercio de esclavos se convirtió rápidamente en un negocio lucrativo. Las guerras civiles del Congo (1665-1709) proporcionaron un enorme suministro de cautivos de guerra que, a su vez, fueron vendidos a los portugueses y a otros esclavistas locales.

Curiosamente, los gobernantes del Congo llegaron a preocuparse por la extensión de la esclavitud en su territorio. Las cartas de Afonso I, rey de Congo, que gobernó de 1509 a 1543, muestran el enfado que sentía por la creciente demanda portuguesa de esclavos. El problema fue que, cuando el rey expresó su preocupación, el comercio de esclavos ya se había arraigado en Congo. No había mucho que pudiera hacer para detenerlo.

El dominio del comercio de esclavos no impidió que la población local se resistiera. La rebelión antoniana del siglo XVIII tuvo miles de seguidores; la oposición al comercio de esclavos fue uno de los detonantes de la revuelta. Sin embargo, la rebelión, en última instancia, fracasó[8].

---

[7] Slaveryandremembrance.org. (2023, 8 de septiembre). *Oyo Empire*. Extraído de Slaveryandremembrance.org:
https://slaveryandremembrance.org/articles/article/?id=A0121#:~:text=Enslaved%20laborers%20provided%20food%20for,and%20eventually%20ended%2C%20Oyo%20suffered.

[8] Pasciuto, G. (2022, 21 de diciembre). *7 Facts About the Kingdom of Kongo: Africa's Great Catholic State*. Extraído de Thecollector.com: https://www.thecollector.com/kingdom-of-kongo-great-catholic-state/.

En resumen

La llegada de los europeos en el siglo XIV estimuló el comercio de esclavos hasta niveles nunca vistos. Los europeos tenían una necesidad acuciante de mano de obra forzada, y, además, tenían lo que los gobernantes africanos querían y necesitaban: armas y pólvora.

Se estaba gestando un pacto con el diablo. El resultado fue una asociación que, a lo largo de los años, serviría para agotar la mano de obra de África y crear gobiernos que dependían de las incursiones y la guerra para prosperar.

Capítulo 2: El comercio triangular atlántico: Una red de explotación

El comercio atlántico de esclavos no era una simple ruta comercial que iba de un puerto de escala a otro. Surgió una red comercial triangular en la que participaban estados-nación de Europa, África y América del Norte y del Sur. Las mercancías iban de Europa a África, las personas esclavizadas se enviaban después a América y las mercancías como el tabaco iban a Europa, con lo que el proceso volvía a empezar. Cada nación tenía sus propias razones para participar en el comercio de esclavos, y todas se beneficiaron de alguna manera, aunque, por supuesto, algunas naciones sufrieron un impacto más negativo que otras.

Hubo cinco grandes participantes europeos en el comercio de esclavos: Portugal, España, los Países Bajos, Francia y Gran Bretaña. Algunos tenían restricciones morales, mientras que otros buscaban el puro beneficio. Cada uno tenía un *modus operandi* que les permitía gestionar la competencia a la vez que obtenían la mano de obra forzada que necesitaban.

La era de la exploración portuguesa

Enrique el Navegante era un hombre piadoso a todas luces. Era mecenas de órdenes religiosas y tenía el deseo de extender el cristianismo a otras partes del mundo. El príncipe Enrique también se interesaba por la navegación y las embarcaciones.

El príncipe Enrique era hijo del rey Juan I y de la reina Felipa de Portugal. Nació en 1394 en Portugal. No fue un mecenas de las artes, como era común entre la aristocracia de entonces. En cambio, se convirtió en un mecenas de los mares. Enrique estaba interesado en los avances tecnológicos que pudieran ayudar a su país. Desencadenó la Era de los Descubrimientos en Portugal, que acabaría desembocando en un imperio comercial que estaba más allá de lo imaginable cuando él nació.

Enrique fue el patrocinador de muchas expediciones, abriendo la puerta a los viajes de larga distancia. El patrocinio de Enrique a los inventos marítimos dio lugar a mejoras tecnológicas, como la cartografía, un mejor uso del astrolabio y el cuadrante. También se introdujeron mejoras en el diseño de los barcos, lo que permitió a las carabelas portuguesas adentrarse en las profundidades marinas.

Enrique estaba interesado en la exploración, pero no por el mero hecho de encontrar cosas nuevas y gente nueva. El principal objetivo de Enrique era descubrir una ruta marítima hacia Asia que permitiera a Portugal acceder a las especias y a otros mercados de lujo. Quería eludir el monopolio musulmán de las rutas comerciales hacia Extremo Oriente.

Este hombre, profundamente religioso, sin duda no tenía ni idea de que uno de los subproductos de su interés por la navegación era la creación de una monstruosa empresa comercial. A principios del siglo XIV, Portugal era un país relativamente pobre. No era mucho más que un pedazo de tierra rocosa a lo largo de la costa atlántica con muy pocas perspectivas de riqueza. Eso iba a cambiar radicalmente. Y la razón fue que Portugal dirigió su atención hacia el oeste.

El océano Atlántico, al sur de Gibraltar, era un gran desconocido y los portugueses comenzaron a navegar por esas aguas a medida que avanzaba el siglo XV. El país se benefició de que otras naciones europeas estuvieran en guerra constante entre sí. Se realizaron mejoras en los viajes y el comercio portugués mejoró.

Un momento decisivo llegó con el Tratado de Alcazobas en 1479. Portugal acordó renunciar a cualquier reclamación sobre las islas Canarias a cambio de los derechos sobre cualquier tierra conquistada fuera de Europa. Se trazó una línea a través de las islas Canarias, y todo lo que quedara al sur de la línea y al sur de estas islas sería de Portugal, si los portugueses lograban conquistarlo.

Los barcos portugueses navegaron por la costa occidental de África, visitando tierras que Europa nunca antes había explorado. Una expedición dirigida por Bartolomé Díaz en 1485 rodeó el extremo sur de África antes de que un motín obligara a la expedición a regresar a casa.

Otros países europeos se interesaron por la exploración de ultramar, en particular España. Tanto España como Portugal acordaron un tratado con la mediación del papa para evitar una posible guerra. El Tratado de Tordesillas de 1494 creó una línea de demarcación que ampliaba las fronteras anteriores creadas por Alcazobas. Los nuevos términos especificaban una nueva línea que corría de norte a sur. Portugal tendría derecho a todas las tierras al sur de las islas Canarias, siempre que estuvieran al este de la nueva línea. Esas tierras incluían África Occidental[9].

Las expediciones portuguesas permitieron a los europeos familiarizarse más con África Occidental. Poco a poco, se fue generando una red de fortalezas y puestos comerciales a lo largo de la costa para facilitar el comercio. Se trataba de lugares donde los barcos podían aprovisionarse y donde se podían explotar las oportunidades comerciales. Entre los primeros asentamientos se encontraban la isla de Arguin (1445) y São Jorge da Mina (castillo de Elmina, 1482). São Tomé se fundó en 1493. Se crearían más puestos avanzados a medida que Portugal se desplazaba gradualmente más al sur por la costa.

---

[9] Williams, F. G. (2023, 14 de septiembre). *The Rise and Fall of Portugal's Maritime Empire, a Cautionary Tale?* Extraído de Byustudies.byu.edu: https://byustudies.byu.edu/article/the-rise-and-fall-of-portugals-maritime-empire-a-cautionary-tale/.

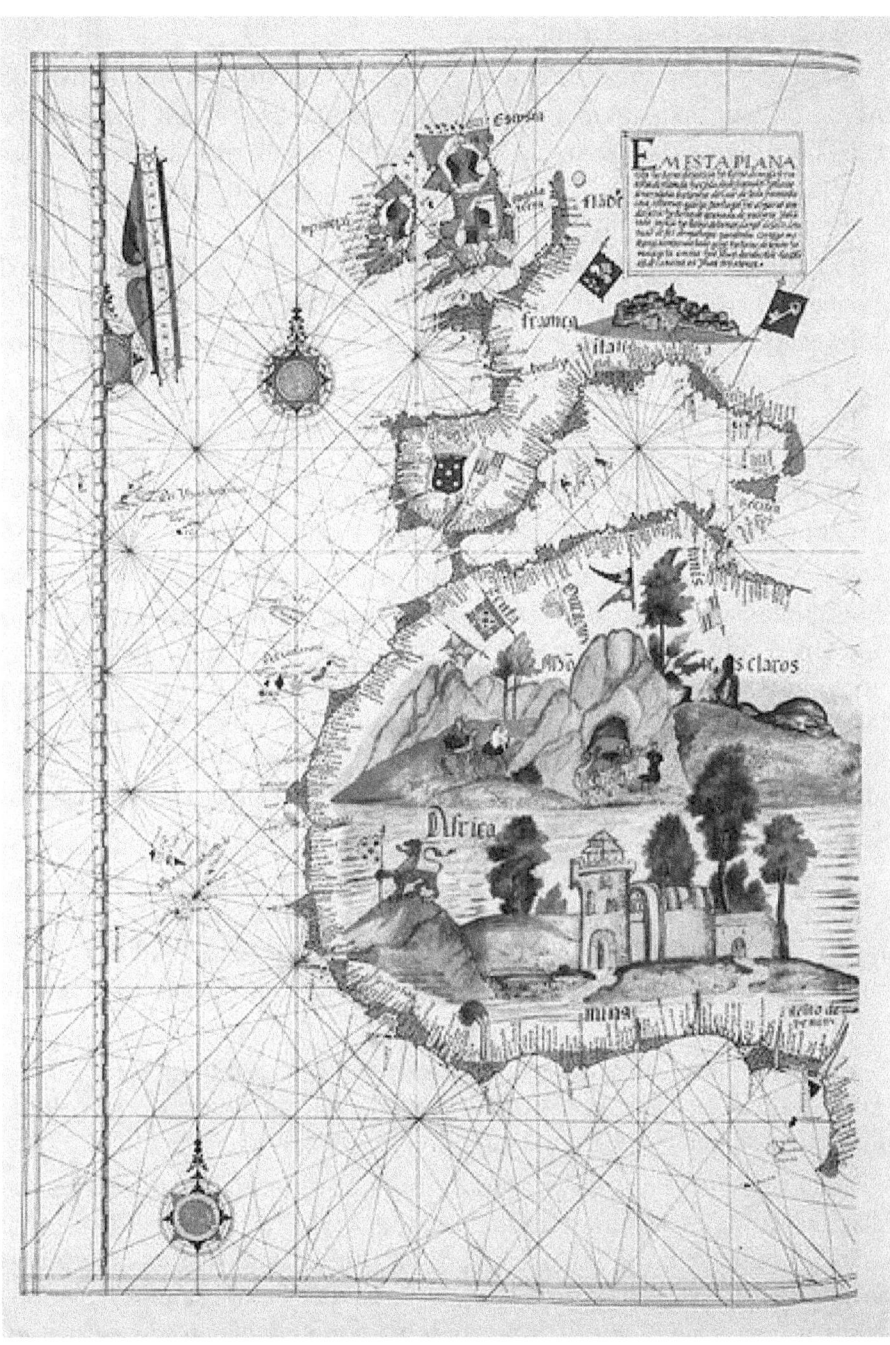

Un mapa portugués del siglo XVI. El gran castillo en África Occidental simboliza el castillo de Elmina[ii]

El encanto de la esclavitud

Madeira, Cabo Verde y Santo Tomé se convirtieron en centros de cultivo de azúcar a medida que surgían plantaciones para abastecer la creciente demanda europea. Estas plantaciones requerían grandes cantidades de mano de obra, y el trabajo forzado fue la respuesta a la escasez de mano de obra.

Los primeros contactos con los reinos africanos de la costa occidental africana consistieron en la compra de oro, pero la necesidad de personas esclavizadas para trabajar en las plantaciones hizo que los portugueses comenzaran a comerciar con seres humanos.

Portugal no tenía ningún interés en adentrarse en África, ya que eso significaría que tendría que gestionar grandes cantidades de territorio en el interior y en la costa. Tenía más sentido tener puestos comerciales en la costa y permitir que los africanos les trajeran esclavos.

Los portugueses tenían un producto que suscitó gran interés entre los gobernantes africanos. Las armas de fuego no estaban muy extendidas en África en aquella época y los portugueses eran proveedores preparados. Los monarcas del Imperio oyo, el Imperio asante y el reino del Congo tuvieron la oportunidad de hacerse con una tecnología militar que les permitiría ampliar sus territorios y subyugar a otros pueblos. Se desarrolló una relación simbiótica entre los portugueses y los reinos africanos.

A finales del siglo XV surgió una estrecha relación entre Portugal y el reino de Congo. Los portugueses extendieron su dominio en Congo a través de tratados, alianzas comerciales y hazañas militares que capitalizaron los conflictos internos de Congo y del vecino reino de Ndongo.

Portugal comenzaría a transportar esclavos a Brasil en el siglo XVI, y el volumen del tráfico se amplió a medida que prosperaba esa colonia portuguesa.

En España y Portugal se desarrolló una interesante dicotomía en relación con la esclavitud. Ambos países eran devotamente católicos y su política consistía en intentar convertir al catolicismo al mayor número posible de personas. Sin embargo, a pesar del celo misionero, ambos países no parecían tener ningún problema con el concepto de esclavitud. No parecía importar que España y Portugal compraran y vendieran personas convertidas al catolicismo. Todo era cuestión de negocios;

cualquier vínculo religioso entre el esclavizado y el esclavizador era casual.

España y el Nuevo Mundo

Los españoles veían las Américas como un lugar para ganar conversos a la fe católica, lo que contrarrestaría las ganancias obtenidas por los protestantes en Europa. Sin embargo, los españoles veían principalmente el Nuevo Mundo como un lugar donde obtener considerables beneficios. Las oportunidades económicas solo aumentaron con la conquista de México y Perú.

Los españoles desarrollaron formas únicas de incorporar el trabajo forzado a la economía colonial. Un medio interesante por el que los españoles obligaron a la población indígena a trabajar para ellos fue a través del sistema de encomiendas.

El sistema de encomienda permitía a los colonos (encomenderos) obtener una concesión de la Corona española que les otorgaba el control sobre las comunidades indígenas. Los encomenderos debían proporcionar protección y educación cristiana a los indígenas puestos a su cargo. Los indígenas, a cambio, ofrecerían tributos en forma de mano de obra. En teoría parecía una forma de feudalismo. Sin embargo, se convirtió en algo totalmente diferente.

El sistema de encomienda acabó convirtiéndose en un sistema laboral desigual y coercitivo. Los indígenas estaban sometidos a duras condiciones laborales, a menudo se los obligaba a trabajar en minas o plantaciones durante largas jornadas, sin compensación ni derechos adecuados. Los colonos españoles tenían un enorme poder sobre la mano de obra, lo que provocaba maltrato y explotación.

El debate de Valladolid

Los abusos contra los indígenas no pasaron desapercibidos. Bartolomé de las Casas era un fraile dominico que vivía en el Nuevo Mundo español. Empezó como encomendero, pero sufrió una transformación moral y entró en el clero. Estaba horrorizado por el comportamiento de sus compatriotas y se negó a permanecer callado. Sus preocupaciones y las expresadas por otros llevaron a la Corona española a organizar en 1550 una serie de debates sobre el trato que recibían los indígenas en América. Se conocieron como el debate de Valladolid.

Las discusiones tuvieron lugar el 15 de agosto de 1550, en Valladolid, España, y hubo una vigorosa discusión sobre los pros y los contras de cómo se estaba abusando de los indígenas. Juan Ginés de Sepúlveda era un erudito humanista que defendía la colonización española. Creía que el sometimiento de los indígenas era apropiado.

De Sepúlveda argumentaba que los pueblos primitivos no entendían la razón ni la moral. España, según el razonamiento de Sepúlveda, estaba moralmente obligada a conquistar y civilizar a los pueblos nativos. También sostenía que los indígenas eran esclavos naturales. Eran aptos para la esclavitud y su percibida inferioridad justificaba su sometimiento por los españoles. Su argumento final era que estos pueblos estarían mejor bajo el dominio español de lo que habían estado antes.

De las Casas estaba dispuesto a exponer sus argumentos. Rebatió que los indígenas tenían sus propias culturas y formas de vida que merecían tanto respeto como las de los europeos. Afirmó que eran humanos y merecían respeto y dignidad. Sostuvo que la conquista española solo trajo miseria. Su último punto recalcó que debía permitirse a los indígenas vivir de acuerdo con sus propias tradiciones y creencias. Los jueces fallaron finalmente a favor del fraile.

La decisión que surgió de este debate fue que los nativos eran humanos y merecían los mismos derechos y protecciones que los europeos. De las Casas seguiría abogando por los derechos humanos fundamentales y, en 1552, publicó el libro *Brevísima relación de la destrucción de las Indias*, en el que detalla los abusos a los indígenas causados por el sistema de encomiendas[10].

El resultado del debate de Valladolid fue una ordenanza promulgada por Felipe II en 1573, que redefinía los futuros descubrimientos españoles. El rey español declaró que esos descubrimientos no se calificarían de conquistas, sino de pacificaciones. Fue un importante paso adelante en el trato a los indígenas.

Sin embargo, no se dio ningún paso adelante en la cuestión de la esclavitud. No hay pruebas de que la vida mejorara para la gran mayoría de los nativos de las colonias españolas[11].

---

[10] History Skills. (2023, 14 de septiembre). *The Valladolid Debate: When Europeans Argued About Whether Indigenous People Were Human.* Extraído de Historyskills.com: https://www.historyskills.com/classroom/year-8/valladolid-debate/.

[11] Lyons, M. (2023, agosto). *The Valladolid Debate on the Rights of Indigenous People.* Extraído de History Today: https://www.historytoday.com/archive/months-past/valladolid-debate-rights-indigenous-people.

El sistema de asientos

Un nuevo capítulo en las relaciones laborales de las Américas tuvo lugar a finales del siglo XVI. La Corona española introdujo el sistema de asientos, un acuerdo contractual entre España y diversas entidades europeas, entre las que se incluían comerciantes y compañías. A los titulares de los contratos, conocidos como «asientistas», se les concedía el derecho exclusivo de suministrar esclavos africanos a las colonias españolas en un periodo de tiempo determinado. La Corona española recibiría impuestos y tasas por este privilegio. Este acuerdo obviaba de hecho la cuestión de esclavizar a los nativos americanos.

El sistema de asientos proporcionó un marco legal y un incentivo para el tráfico masivo de africanos, institucionalizando así una cadena de suministro de esclavos al Nuevo Mundo español. Representaba un enfoque de mercado calculado para el trabajo forzado humano. Los humanos se reducían a unidades de trabajo que se compraban y vendían. Los beneficios se maximizarían adquiriendo esclavos al menor costo posible y vendiéndolos al mejor postor. Sería pura explotación desprovista de cualquier derecho humano.

Se calcula que aproximadamente 1,3 millones de esclavos africanos fueron enviados a los territorios españoles del Nuevo Mundo. Serían utilizados en empresas de mano de obra muy intensa, como las plantaciones de caña de azúcar en Cuba.

El sistema de asientos desempeñó un papel en la jerarquía social de la América española. Aunque la población indígena estaba marginada, tenía algunos derechos en la América española. Los africanos esclavizados no tenían ninguno y, en consecuencia, quedaron anclados permanentemente en lo más bajo de la estructura social.

La participación holandesa en la trata de esclavos

Los holandeses no desempeñaron un papel importante en los primeros tiempos del comercio atlántico de esclavos porque los Países Bajos luchaban enérgicamente por su independencia de España. Sin embargo, su papel comenzó a ampliarse en el siglo XVII, cuando se fundó la Compañía Neerlandesa de las Indias Occidentales en 1621.

Hay un rasgo escalofriante en esa empresa comercial. La Compañía Neerlandesa de las Indias Occidentales no estaba interesada en salvar almas. Le preocupaban los negocios, y el tráfico de esclavos formaba parte de ellos. La esfera de influencia de la Compañía Neerlandesa de las Indias Occidentales incluía zonas que bordeaban el océano Atlántico, como África Occidental y las Américas. Lo que la Compañía Neerlandesa de las Indias Occidentales consideraba las Indias Occidentales incluía Brasil, Berbice, Guyana, Esequibo, Surinam y las Antillas.

La primera Compañía Neerlandesa de las Indias Occidentales duró desde 1621 hasta 1674, año en que se disolvió. La segunda Compañía Neerlandesa de las Indias Occidentales se formó en 1674 y se ocupaba principalmente del comercio de esclavos. Tuvo el monopolio del comercio holandés de esclavos hasta 1734[12].

La Compañía Neerlandesa de las Indias Occidentales se centró en asegurarse una posición dominante en el comercio de esclavos del Atlántico. Aunque sus miembros eran principalmente comerciantes, la compañía no tenía problemas para llevar a cabo asuntos militares. En 1637 se apoderó de la posesión portuguesa de Elmina, a la que siguió la toma de Luanda en 1641.

Los holandeses aumentaron su presencia en el comercio atlántico de esclavos, apoderándose de los fuertes existentes en la costa atlántica africana o estableciéndolos. Además de Elmina, la presencia de la Compañía Holandesa de las Indias Occidentales en África Occidental incluía:

- Fuerte Nassau
- Fuerte Amsterdam
- Fuerte Vredenburgh
- Fuerte Lijdzaamheid
- Fuerte Crèvecœur
- Fuerte Dixcove
- Fuerte Batenstein
- Fuerte de San Sebastián
- Fuerte de San Antonio en Axim

Todos estos fuertes estaban situados en la costa de lo que hoy es Ghana. Los holandeses tenían puertos francos comerciales desde la

---

[12] Zeeuwsarchief.ni. (2023, 14 de septiembre). *The Voyage-History*. Extraído de Zeeuwsarchief.ni: https://www.zeeuwsarchief.nl/en/themepage/slave-voyage-aboard-the-unity/the-voyage-history/.

actual Ghana por toda la costa hasta Namibia.

La gestión de las colonias era cara y, en lugar de hacerse con provincias para colonizar, la compañía se concentró en abastecer a las colonias inglesas, francesas y españolas con mano de obra forzada. La Compañía Neerlandesa de las Indias Occidentales fue la mayor empresa de comercio de esclavos de su época. Entre 1658 y 1674, traficó con aproximadamente 53.600 africanos. Las estimaciones modernas muestran que los holandeses fueron responsables de la migración forzada de entre 500.000 y 600.000 africanos esclavizados al Nuevo Mundo[13].

Los franceses y el azúcar

Guadalupe y Martinica son pequeñas porciones de tierra que flotan en el Caribe. Hoy son destinos turísticos conocidos por su belleza natural y el esnórquel. Sin embargo, hace trescientos años, estas islas eran fuente de una inmensa riqueza para Francia. De hecho, los beneficios derivados de estas parcelas de tierra eran sustancialmente superiores a los que podían producir todas las colonias británicas de Norteamérica.

Europa era golosa y el ansia de azúcar era una adicción continental. Las islas del Caribe eran ideales para el cultivo y la producción de azúcar. El proceso requería mucha mano de obra, y el trabajo forzado era el medio más barato de hacer el trabajo.

Francia se involucró en el comercio de esclavos en el siglo XVI y fue una de las principales potencias europeas implicadas en este comercio en el Atlántico debido a los inmensos beneficios que se podían obtener.

Sin embargo, Martinica y Guadalupe no eran los únicos destinos de los barcos negreros franceses. La colonia francesa más lucrativa del Caribe era Saint-Domingue, ahora conocida como Haití. Aunque el azúcar era la principal mercancía, en esta colonia también se producía café, índigo y algodón.

Los historiadores estiman que más de un millón de esclavos fueron exportados desde África Occidental a los territorios franceses del Caribe. De ellos, Saint-Domingue fue el principal puerto de escala. Cerca de

---

[13] Thiebaut, R. (2023, 26 de abril). *The WIC, The Dutch West India Company*. Extraído de Projectmanifest.eu: https://www.projectmanifest.eu/the-wic-the-dutch-west-india-company-en-fr/.

800.000 personas esclavizadas fueron enviadas allí[14].

Puestos en África Occidental

Los franceses establecieron puestos comerciales y fuertes en África Occidental para agilizar el transporte marítimo. Varios eran puertos destacados en el comercio de esclavos del Atlántico.

- Ouidah, situada en Benín, fue un importante puesto de comercio de esclavos bajo bandera francesa. Ouidah era el principal centro desde el que se transportaban esclavos a las colonias francesas.
- La isla de Gorea cambió de manos con frecuencia y estuvo bajo control británico y holandés en algún momento. La isla de Gorea está situada frente a la costa de Senegal. Era un lugar de reunión para los esclavos recién adquiridos que serían enviados a las Américas.
- Saint-Louis estaba situada en la desembocadura del río Senegal. Aunque Saint-Louis era originalmente un puesto comercial de goma arábiga y otras mercancías, con el tiempo se vio muy implicado en el comercio de esclavos.
- Juda Point fue un importante puesto de comercio de esclavos en la bahía de Benín. Juda Point cambiaba frecuentemente de manos.

La guerra no era la única razón por la que un puesto comercial enarbolaba banderas diferentes. También intervenían los tratados y otros factores geopolíticos. Además, los gobernantes africanos locales podían estar en alianza y más tarde en conflicto con los franceses (u otra nación europea), lo que complicaba las cosas.

La ironía de la participación de Francia en la trata de esclavos es que este país estaba a la vanguardia de la difusión de los ideales de libertad y derechos humanos durante la Ilustración. Francia aboliría la esclavitud en 1794, pero esto no duró mucho. Napoleón Bonaparte la restableció en 1802. Saint-Domingue seguiría siendo destino de cargamentos de esclavos hasta el éxito de la Revolución haitiana.

---

[14] Slavery and Remembrance. (2023, 14 de septiembre). *French Slave Trade*. Extraído de Slaveryandremembrance.org: https://slaveryandremembrance.org/articles/article/?id=A0097.

Gran Bretaña y la carga humana

Gran Bretaña se involucró por primera vez en el comercio de esclavos en el siglo XVI y se convirtió en la principal potencia del mundo en este comercio a finales del siglo XVIII. Las posesiones británicas en el Caribe, como Jamaica, Barbados y Antigua, eran destinos habituales para las personas esclavizadas, pero esos no eran los únicos lugares a los que iban los barcos negreros. También se utilizó mano de obra esclava en las plantaciones de tabaco, algodón y añil de las colonias americanas, sobre todo en Virginia y las Carolinas. Los británicos también se aprovecharon del sistema de asientos español y abastecieron a las posesiones españolas de mano de obra forzada.

El comercio de esclavos se convirtió en parte integrante de la economía británica. Liverpool, Bristol y Londres se convirtieron en importantes centros del tráfico de seres humanos.

Los beneficios de las plantaciones afluyeron a Gran Bretaña, enriqueciendo a los comerciantes y acabando por financiar las primeras etapas de la Revolución Industrial. Muchos aspirantes a empresarios se hicieron extremadamente ricos gracias al sudor y el trabajo de los africanos esclavizados.

El poder del crédito

El comercio de esclavos era rentable, pero tenía sus riesgos. Los barcos negreros podían estar en alta mar durante meses y los traficantes de esclavos no obtendrían ningún beneficio hasta que se realizaran las ventas finales. Los propietarios de las plantaciones solo se darían cuenta de los beneficios de sus compras una vez vendidas sus cosechas. A todo esto se añadía la posibilidad de que los barcos negreros fueran interceptados por piratas o se hundieran con toda su carga. Los británicos prosperaron a pesar de todos estos peligros. ¿Su secreto? El crédito.

El sistema financiero británico se desarrolló a lo largo de los años, con el Banco de Inglaterra como punto central. Las letras de crédito se convirtieron en el medio de financiar el comercio de esclavos y de permitir a todas las partes comerciales superar importantes retrasos. Las pólizas de seguros redujeron gradualmente el riesgo de perder la carga en alta mar. En consecuencia, los márgenes de beneficio aumentaron a medida que disminuían los riesgos.

Gran Bretaña acabaría aboliendo la esclavitud en 1834. Para entonces, se habían amasado inmensas fortunas. El sistema británico de negocios incluía inversores, compañías de seguros, casas bancarias y otras personas implicadas en el transporte y la venta de personas esclavizadas. Más de 3,2 millones de africanos fueron enviados al hemisferio occidental por los británicos, ayudando a la nación insular a convertirse en el país europeo más influyente de la época[15].

Las puntas de los triángulos

Como ya se ha mencionado, se formaron triángulos en los que los productos se transportaban de un lugar a otro hasta que el barco regresaba al punto original del triángulo. Poco a poco se desarrollaron varias rutas transatlánticas de esclavos. Estas tenían puertos de origen y paradas a lo largo del camino, con el destino final en algún lugar de las Américas.

- Puertos europeos

Los principales puertos triangulares británicos eran Liverpool, Brístol y Londres. Los puertos franceses eran Nantes, Burdeos y La Rochelle. Los puertos de los que partían los barcos negreros en Portugal y España eran Lisboa y Sevilla o Cádiz, respectivamente. Los holandeses utilizaban Ámsterdam.

- Puertos de escala en África Occidental

Los destinos africanos eran las costas de África Occidental y Central. La Costa de Oro (Ghana), la Costa de los esclavos (Benín y Togo), la costa de Barlovento (las actuales Liberia y Costa de Marfil), las bahías de Benín y Biafra, y Angola eran destinos de los barcos negreros para comprar y cargar mercancía humana.

- América

Los destinos finales en el Caribe incluían Jamaica, Barbados, Cuba y Saint-Domingue. Los puertos norteamericanos incluían Charleston, Carolina del Sur, y puertos a lo largo de la costa de Virginia.

Brasil fue el mayor importador de esclavos africanos de América. Muchos barcos atracaban en Salvador, en el estado de Bahía. Como también se utilizaban esclavos en la minería, Cartagena, en la actual Colombia, era un puerto de escala.

---

[15] Slavery and Remembrance. (2023, 14 de septiembre). *British Slave Trade*. Extraído de Slaveryandremembrance.org https://slaveryandremembrance.org/articles/article/?id=A0116.

Un viaje triangular típico

Dado que Gran Bretaña era un actor dominante en el comercio de esclavos en el Atlántico, vamos a describir el viaje típico de un barco negrero británico.

El barco atracaría en Liverpool y tomaría mercancías y suministros para el comercio. Podían ser textiles como paños de lana, algodón, armas, municiones, alcohol como ron o brandy, y otros artículos manufacturados que atrajeran a los consumidores africanos. Una vez completamente abastecido, el barco abandonaría el puerto, saldría a mar abierto y se dirigiría hacia África.

Los comerciantes querían hacer negocios en zonas que fueran propicias para Gran Bretaña. En consecuencia, los destinos podían ser la Costa de Oro, la bahía de Benín o la bahía de Biafra. El intercambio de mercancías por personas tendría lugar en un lugar conveniente, y luego el barco se embarcaría en la segunda etapa del triángulo.

Con suerte, los viajes a las Américas no se enfrentarían a disturbios significativos, pero los capitanes podían esperar que un cierto número de personas esclavizadas murieran en el camino. Había varios puertos entre los que elegir. Kingston, Jamaica, era un destino importante. El barco también podía dirigirse a Charleston, Carolina del Sur, donde los esclavizados serían vendidos para trabajar en plantaciones de tabaco o algodón. Una vez que los africanos desembarcaban, recibían más alimentos y se los preparaba para la subasta.

La última etapa del viaje sería de regreso al puerto de origen, que en este caso era Liverpool. Lo que antes estaba ocupado por personas encadenadas se llenaba con productos como azúcar, ron, tabaco y algodón. Estos productos se venderían a los consumidores domésticos o a los fabricantes que fabricarían productos para venderlos en el siguiente viaje.

El margen de beneficios

El comercio de esclavos no era ciertamente un trabajo *pro bono*. Los inversores esperaban beneficios, que dependerían de múltiples factores. Los comerciantes tendrían que deducir el costo de equipar y tripular los barcos y las mercancías con las que se comerciaba. Si la demanda no era tan alta, no se comprarían tantas personas esclavizadas. También estaba la tasa de bajas en alta mar. Cada vez que moría una persona esclavizada, significaba que había menos dinero que ganar. La posibilidad de que el barco se perdiera en una tormenta o fuera atacado por piratas era factible, aunque estas pérdidas podían cubrirse con un seguro. Lo mejor que los historiadores pueden estimar a partir de fuentes, como cartas, diarios de a bordo y registros financieros, es que el margen de beneficio de un viaje triangular de esclavos podía ser tan bajo como el 5 % o tan alto como el 20 % por viaje.

En resumen

La esclavitud era una empresa rentable y muchos mercaderes se enriquecieron traficando con seres humanos. Muchas naciones europeas, entre ellas Dinamarca y Suecia, participaron en el comercio atlántico de esclavos durante su apogeo. El sistema de asientos era una oportunidad de negocio que fue explotada por muchos implicados en el comercio de esclavos del Atlántico a medida que pasaban los años. El comercio se vio muy influido por la trata de esclavos y poco a poco se fueron estableciendo rutas comerciales marítimas. Estas afectarían sustancialmente al desarrollo de las economías del Nuevo Mundo y de Europa.

Capítulo 3: Los horrores del Pasaje del medio

El comercio atlántico de esclavos evolucionó de tal forma que en el siglo XVII era un proceso bien establecido por el cual se transportaba a personas esclavizadas desde África a los hemisferios occidental y meridional. Millones de africanos fueron colocados en las bodegas de barcos negreros, algunos de los cuales estaban diseñados específicamente para la carga humana. La ruta se llamaría el Pasaje del medio, y fue la carretera al infierno para mucha gente.

El viaje solía durar ochenta días, pero podía ser más largo debido a las condiciones meteorológicas. Los barcos que se utilizaban solían ser pequeñas goletas o barcos de esclavos construidos ex profeso. Las tripulaciones hacinaban a los humanos muy juntos en las cubiertas o bajo ellas, con poco espacio para sentarse o moverse. La ventilación era mínima y el agua escaseaba.

Los barcos

La idea de transportar seres humanos a través del Atlántico era bastante simple, aunque horrenda. Cuantas más personas se pudieran meter en las bodegas del barco, más posibilidades había de obtener beneficios. Los capitanes de los barcos tenían que aceptar que quizá el 15 % o más de los africanos morirían antes de llegar a los mercados de esclavos.

Una pequeña balandra podía transportar hasta veinte personas esclavizadas, mientras que un barco de tres mástiles podía tener hasta novecientos individuos. En la década de 1750, Liverpool era uno de los principales puertos para el comercio de esclavos. Allí se construían barcos específicamente para el comercio de esclavos.

El modelo de barco de Liverpool tenía algunas características distintivas. El buque tenía una cubierta inferior bajo la cubierta principal, donde cientos de personas esclavizadas podían ser detenidas para el pasaje. Los orificios de ventilación tallados en el casco por encima de la línea de flotación permitían respirar a la carga viva que se encontraba en el interior del barco.

Siempre existía la posibilidad de que una persona esclavizada intentara suicidarse. Se instalaron redes alrededor de las barandillas del barco para evitar que alguien diera un salto al océano. Se construyó una barrera de madera en el centro del barco. La tripulación podría retirarse a esta barrera si se producía una sublevación, para luego disparar pistolas y cañones pequeños contra una multitud insurgente.

Un barco negrero era fácil de identificar en mar abierto porque ningún constructor naval hacía agujeros en el costado del casco si se transportaban mercancías como el azúcar[16]. Otro medio de identificar un barco negrero era el hedor que salía de sus entrañas. La orina, las heces, los vómitos y otras excreciones humanas eran arrastradas por la brisa, por lo que un puerto sabría que un barco negrero estaba llegando antes incluso de que el navío fuera avistado[17].

El olor de la desesperación

Existen relatos de personas que experimentaron la travesía del Pasaje del medio. Sus relatos ofrecen una descripción detallada de lo que ocurrió bajo cubierta. Olaudah Equiano explicó su experiencia en un libro que publicó en 1789.

> «La estrechez del lugar y el calor del clima, sumados al número de los que íbamos en el barco, que estaba tan abarrotado que cada uno apenas tenía sitio para girarse, casi nos habían asfixiado. Esto producía una abundante

---

[16] Cuando se transportaba el azúcar de vuelta al puerto de origen, estos agujeros se sellaban o tapaban para que el agua no dañara el producto.

[17] Rediker, M. (2021, 14 de diciembre). *The Transatlantic Slave Trade Ships: Trajectories of Death and Violence Across the Ocean*. Extraído de Thefunambulist.net:
https://thefunambulist.net/magazine/the-ocean/the-transatlantic-slave-trade-ships-trajectories-of-death-and-violence-across-the-ocean.

transpiración, de modo que el aire pronto se volvió no apto para la respiración, por una variedad de olores repugnantes, y provocó una enfermedad entre los esclavos, de la que muchos murieron, cayendo así víctimas de la avaricia imprudente, como puedo llamarla, de sus compradores. Esta miserable situación se vio agravada de nuevo por el rozamiento de las cadenas, que se había vuelto insoportable, y por la suciedad de las necesarias bañeras, en las que a menudo caían los niños, que casi se asfixiaban. Los gritos de las mujeres y los gemidos de los moribundos hacían de todo ello una escena de horror casi inconcebible»[18].

La corroboración es una parte esencial de la investigación histórica. Nos permite verificar lo que dice una persona en relación con los comentarios de otra sobre un acontecimiento histórico. El Dr. Alexander Falconbridge, cirujano en varios barcos negreros, confirmó la narración de Equiano sobre las condiciones bajo cubierta. Sus recuerdos sobre sus experiencias se publicaron en 1788.

«Las penurias e inconvenientes sufridos por los negros durante el pasaje apenas se pueden enumerar o concebir ... Pero la exclusión de aire fresco se encuentra entre las más intolerables ... Las habitaciones de los negros pronto se vuelven intolerablemente calurosas. El aire confinado, convertido en nocivo por los efluvios exhalados de sus cuerpos y respirado repetidamente, pronto produce fiebres y flujos que generalmente se llevan a un gran número de ellos ...

»Durante los viajes que realicé, fui testigo con frecuencia de los efectos fatales de esta exclusión de aire fresco... La cubierta, es decir, el suelo de sus habitaciones, estaba tan cubierto de la sangre y los mocos que habían salido de ellas como consecuencia del flujo, que parecía un matadero. No está en el poder de la imaginación humana imaginar una situación más espantosa o repugnante»[19].

---

[18] Rediker, M. (2021, 14 de diciembre). *The Transatlantic Slave Trade Ships: Trajectories of Death and Violence Across the Ocean*. Extraído de Thefunambulist.net:
https://thefunambulist.net/magazine/the-ocean/the-transatlantic-slave-trade-ships-trajectories-of-death-and-violence-across-the-ocean.

[19] National Park Service. (2023, 17 de septiembre). *The Middle Passage*. Extraído de Nps.gov:

La intensidad del hedor estaba sin duda determinada por la forma en que se embalaba la carga viva. El embalaje suelto significaba que había menos esclavos en la bodega del barco con la esperanza de que un porcentaje más significativo de esclavos llegara vivo a puerto. El embalaje apretado, por otro lado, significaba que habría más esclavos hacinados en el espacio bajo cubierta. La intención allí era absorber cualquier baja con la esperanza de que el volumen generara mayores beneficios[20].

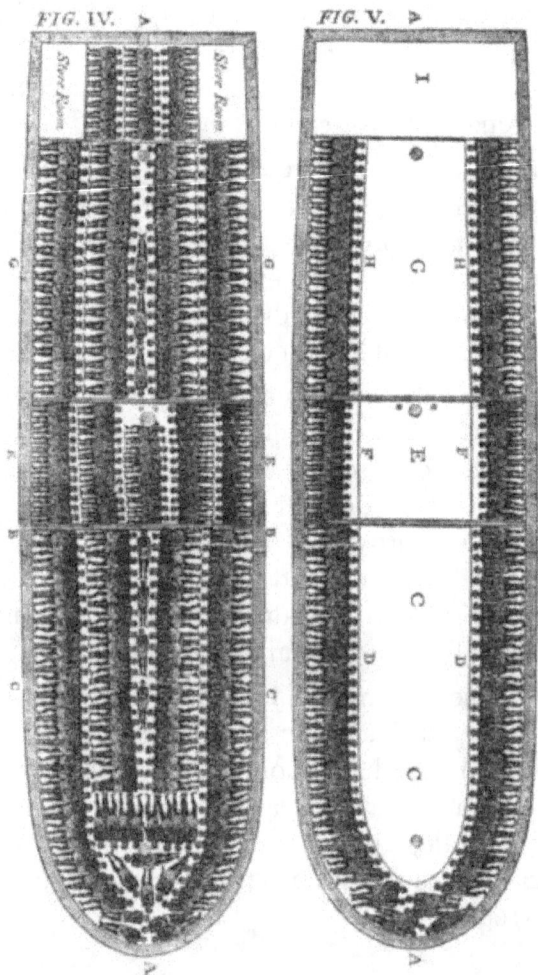

Esquema de un barco negrero[iii]

https://www.nps.gov/articles/the-middle-passage.htm.
[20] Slavery and Remembrance. (2023, 17 de septiembre). *Middle Passage*. Extraído de slaveryandremembrance.org: https://slaveryandremembrance.org/articles/article/?id=A0032.

Familias esclavizadas

El caos bajo cubierta empeoraba por las diferentes etnias encadenadas a las tablas. Como los barcos negreros hacían varias escalas en la costa, era posible tener bajo cubierta múltiples grupos nacionales, cada uno con una lengua distinta. El capitán del barco mezclaba deliberadamente diferentes grupos lingüísticos para limitar las posibilidades de resistencia colectiva o motines. Sin embargo, esto no prohibía la comunicación. La gente esclavizada utilizaba señales, inventaba nuevas palabras y utilizaba la percusión contra los barcos de madera para comunicarse entre sí.

Poco a poco se iba formando un sentimiento de comunidad, en el que los esclavos se llamaban «hermano» o «hermana» a pesar de no estar emparentados entre sí. La resistencia se organizaba de forma sutil. Cuando unos pocos esclavos se negaban a comer, los demás lo tomaban como una señal de protesta por el trato recibido. Esta práctica era habitual. Los barcos negreros llevaban un instrumento llamado *speculum oris*, que se utilizaba para abrir la boca de una persona y permitir que le echaran comida[21].

Los esclavos eran alimentados dos veces al día y, si el tiempo lo permitía, se les subía a cubierta para que hicieran algo de ejercicio. El tiempo de ejercicio permitía a la tripulación bajar a limpiar. Cualquier cadáver era arrojado por la borda, lo que explicaba por qué a menudo se podían encontrar tiburones y otros peces depredadores siguiendo el rastro de un barco negrero. Cuando un barco llegaba a su destino final, los esclavos eran alimentados y limpiados para conseguir un precio más alto en el bloque comercial. Sin embargo, a los que no se podían vender se los daba por muertos[22].

Las tasas de mortalidad eran siempre un problema y era esencial llevar a los africanos esclavizados vivos y sanos a puerto lo antes posible. A veces, se producían retrasos mientras los barcos remontaban la costa africana para comprar aún más esclavos. El 29 de julio de 1749, Robert Livingston, el tercer señor de la mansión Livingston, informó a un compañero de negocios sobre las listas de bajas del barco negrero

---

[21] Rediker, M. (2021, 14 de diciembre). *The Transatlantic Slave Trade Ships: Trajectories of Death and Violence Across the Ocean.*

[22] Ushistory.org. (2023, 17 de septiembre). *The Middle Passage.* Extraído de Ushistory.org: https://www.ushistory.org/us/6b.asp.

Rhode Island:

>«Gracias a Dios hemos tenido la suerte de que una de nuestras balandras de Guinea haya llegado, aunque después de 79 días en los que enterraron a 37 esclavos, y desde entonces 3 más y 2 más probablemente morirán, lo que es un accidente que no se puede evitar, y que si no hubiera ocurrido habríamos hecho un viaje dorado, pero tal y como están las cosas no quedará mucho, me temo, a menos que la otra balandra tenga mejor suerte»[23].

El *Rhode* Island llevaba originalmente 120 esclavos a bordo, de los cuales aproximadamente un tercio pereció. Unas cifras de bajas tan elevadas significaron que el viaje fue una pérdida financiera[24].

Rebeliones de esclavos

Hay más de cuatrocientos casos registrados de rebeliones de esclavos en los barcos negreros. El Dr. Alexander Falconbridge nos da una explicación de por qué se sublevaban los esclavos:

>«Como muy pocos de los negros pueden soportar [tolerar] hasta ahora la pérdida de su libertad y las penurias que soportan, están siempre alerta para aprovecharse de la menor negligencia de sus opresores. Las insurrecciones son con frecuencia la consecuencia, que rara vez se manifiestan sin un gran derramamiento de sangre. A veces, tienen éxito y toda la compañía del barco queda aislada»[25].

Aproximadamente uno de cada diez barcos negreros experimentó resistencia por parte de los africanos esclavizados. Senegambia (una región que hoy incorpora Senegal, Gambia y Guinea-Bisáu) tuvo la mayor incidencia de rebelión en los barcos negreros que cualquier otra zona de África. La resistencia podía consistir en actos de desafío, como una huelga de hambre, intentos de saltar por la borda o una batalla total con los marineros. Las rebeliones podían acabar con un barco hundido por un incendio o una gran explosión. Las tripulaciones estaban en

---

[23] The Gilder Lehrman Institute. (2023, 17 de septiembre). *The Middle Passage, 1749*. Extraído de Gilderlehman.org: https://www.gilderlehrman.org/history-resources/spotlight-primary-source/middle-passage-1749.

[24] The Gilder Lehrman Institute. (2023, 17 de septiembre). *The Middle Passage, 1749*.

[25] PBS.org. (2023, 17 de septiembre). *Insurrection on Board a Slave Ship*. Extraído de Pbs.org: https://www.pbs.org/wgbh/aia/part1/1h317.html.

inferioridad numérica, pero disponían de armas de fuego, que utilizaban para contraatacar y sofocar la revuelta[26].

Hubo varios levantamientos marítimos de esclavos destacados:

- El *Leusden* (1738)

El *Leusden* transportaba a más de setecientas personas esclavizadas cuando se vio envuelto en una tormenta. El barco zozobró y los marineros pudieron escapar. Antes de hacerlo, clavaron las escotillas en la cubierta para evitar un levantamiento de esclavos, lo que provocó la pérdida de cientos de vidas. El desastre *de Leusden* fue una de las mayores pérdidas de vidas humanas durante los días de la travesía del Atlántico.

- El *Hermione* (1762)

El *Hermione* era un barco negrero inglés que experimentó una revuelta de esclavos que se saldó con la muerte de varios miembros de la tripulación. Los esclavos no fueron capaces de tomar el control del barco.

- El *Tryal* (1805)

El *Tryal* era un barco español que experimentó un motín dirigido por un esclavo llamado Babo. El resultado fracasó, pero se hizo famoso por la novela de Herman Melville *Benito Cereno*.

Hubo otros motines de esclavos, como el de la *Amistad*, del que se hablará más adelante en este libro. Lo que es importante comprender ahora es que los humanos a bordo de estos barcos estaban dispuestos a correr riesgos cruciales para intentar recuperar su libertad.

La mayoría de los esclavos que formaron parte de la trata atlántica sobrevivieron al viaje. De los 12,5 millones de africanos que cruzaron el océano, alrededor de 10,7 sobrevivieron al viaje. Esto aún significa que se perdieron casi dos millones de vidas cruzando el Pasaje del medio. Para los que sobrevivieron, el trauma del viaje los perseguiría el resto de sus vidas.

El viaje era horroroso, pero para la mayoría no era nada comparado con lo que ocurriría después. Los africanos eran llevados a una costa extranjera donde serían sometidos a condiciones de vida y de trabajo más allá de sus más oscuras pesadillas.

---

[26] Slavery and Remembrance. (2023, 17 de septiembre). *Slave Ship Mutinies*. Extraído de Slaveryandremembrance.org: https://slaveryandremembrance.org/articles/article/?id=A0035.

Capítulo 4: Raíces africanas: Las sociedades desarraigadas por la trata de esclavos

La trata de esclavos en el Atlántico fue un acontecimiento sísmico en la narrativa humana que trastornó innumerables vidas y comunidades. La trata de esclavos tuvo un impacto complejo en las sociedades africanas, que incluyó la fragmentación social y la transmisión cultural. Al repasar este trágico fenómeno, debemos recordar que los gobernantes y reinos africanos estuvieron implicados, y algunos fueron cómplices del tráfico de seres humanos.

Devastación demográfica

El comercio cruzó líneas demográficas. La pérdida más significativa fue la de hombres y mujeres jóvenes y sanos, lo que provocó un vacío en la mano de obra. Eso afectaría a la productividad agrícola, paralizaría las industrias artesanales y fomentaría un ciclo de pobreza y estancamiento económico. Los trabajadores que se necesitaban desesperadamente en casa estaban ahora en otra parte.

Los estudios genéticos nos han dado una idea de qué partes de África Occidental fueron las más afectadas. Hay cuatro regiones distintas donde la trata atlántica de esclavos reunió a la mayoría de sus víctimas:

- Nigeria (Nigeria)
- Senegambia (Gambia, Senegal, Guinea-Bisáu)

- África occidental costera (Sierra Leona, Ghana, Costa de Marfil, Liberia)
- Congoleños (Angola, República Democrática del Congo).

El 93 % de los afroamericanos y el 82 % de los individuos que viven en el antiguo Caribe británico y francés remontan su ascendencia a estas regiones. Las mujeres esclavizadas contribuyeron más al acervo genético moderno que los hombres esclavizados. Los hombres caucásicos contribuyeron más que las mujeres caucásicas, lo que confirma la violencia sexual perpetrada contra las mujeres esclavizadas[27].

Ataque a las estructuras familiares

El comercio atlántico de esclavos fracturó a las familias existentes. Secuestrar a hombres y mujeres jóvenes significaba dejar atrás a niños y ancianos que ahora no tendrían ningún sistema de apoyo. El parentesco era una parte valiosa de la sociedad en África Occidental, pero se astillaba a medida que los familiares eran secuestrados o vendidos para saldar deudas.

La esclavitud forzó cambios en la vida normal de la gente. Las mujeres tuvieron que asumir papeles desconocidos en el trabajo y la administración social. Ahora no solo debían criar a los hijos y realizar otras tareas que se exigían a las mujeres, sino también dedicarse a actividades antes reservadas a los hombres.

Dado que los hombres eran los que normalmente se enviaban a América, había escasez de varones, lo que provocó una alteración de la proporción de sexos y animó a los hombres restantes a tener múltiples esposas. La poliginia ya era un aspecto de muchas sociedades de África Occidental, pero los historiadores han determinado que el comercio atlántico de esclavos hizo que África Occidental tuviera más casos de poliginia que África Oriental.

Los intermediarios

La confianza de la comunidad se vio afectada por la implicación de intermediarios locales en las incursiones de esclavos. Existía una red de comerciantes africanos que capturaban y llevaban africanos esclavizados desde las regiones del interior hasta los castillos y fortalezas europeas de la costa. Se argumenta que los europeos aprovecharon las rutas

---

[27] Steven J. Mitchell, e. a. (2020, 23 de julio). *Genetic Consequences of the Transatlantic Slave Trade*. Extraído de AJHG: https://www.cell.com/ajhg/fulltext/S0002-9297(20)30200-7.

preexistentes de comercio de esclavos para obtener la mano de obra que necesitaban en el Nuevo Mundo.

La idea de que África Occidental era poco más que un amasijo de aldeas y tribus que vivían de la agricultura de subsistencia es un mito. África Occidental tenía diversas estructuras políticas y sociales que iban desde pequeños estados hasta imperios, como el Imperio de Malí o el Imperio songhai. Estas naciones y entidades políticas luchaban por objetivos políticos y económicos[28].

Como ya se ha mencionado, había muchas razones por las que los africanos decidieron colaborar con los traficantes de esclavos europeos. Había beneficios económicos obvios, como tener acceso a los productos comerciales europeos. El deseo de disponer de armas de fuego europeas para luchar contra los enemigos invasores era un incentivo sólido para vender prisioneros de guerra.

El concepto de identidad africana aún no estaba establecido. Los intermediarios africanos no consideraban a las personas que esclavizaban como «su gente». Los esclavizados eran enemigos o rivales por los que no se esperaba ninguna compasión. Otros esclavizados podían ser los que se habían endeudado y la única salida era vender a sus parientes o a sí mismos.

Independientemente de las razones, hubo Estados africanos que empezaron a centrar su economía en el comercio de esclavos. Fue una decisión que tendría consecuencias nefastas cientos de años después.

---

[28] African Passages, Lowcountry Adaptions. (2023, 25 de septiembre). *Slavery before the Trans-Atlantic Trade.* Extraído de African Passages, Lowcountry Adaptions:
https://ldhi.library.cofc.edu/exhibits/show/africanpassageslowcountryadapt/introductionatlanticworld/slaverybeforetrade.

BURNING OF A VILLAGE IN AFRICA, AND CAPTURE OF ITS INHABITANTS.

Una ilustración que representa el incendio de un pueblo para que sus habitantes pudieran ser vendidos como esclavos[iv]

Paranoia social

El comercio atlántico de esclavos alimentó las enemistades locales entre las comunidades de África Occidental. La creación de incentivos económicos, la manipulación por parte de los europeos que enfrentaban a un grupo contra el otro y la creciente demanda de aún más esclavos convirtieron a vecinos antaño amigos en competidores y a aliados en enemigos.

Las distinciones tribales se acentuaron aún más cuando las comunidades tuvieron que defenderse de sus vecinos que resultaban ser asaltantes de esclavos. Se crearon enemistades entre los grupos, algunas de las cuales siguen existiendo hoy en día. Algunas comunidades empezaron a dar más importancia a la identidad étnica, utilizándola como criterio de confianza y colaboración. La consecuencia fue la solidificación de las divisiones étnicas.

El comercio de esclavos engendró el faccionalismo. Las personas se volvían unas contra otras para sacar provecho del tráfico de seres humanos. Secuestrarse, engañarse y venderse unos a otros como esclavos se convirtieron en prácticas habituales. Incluso familiares o amigos se volvían contra aquellos que confiaban en ellos. Esta cultura de desconfianza se hizo más fuerte con el paso del tiempo[29].

---

[29] Nunn, N. (2017, 27 de febrero). *Understanding the Long-run Effects of Africa's Slave Trades*.

Guerras por los humanos

La esclavitud se convirtió en un medio para adquirir riqueza y poder. El comercio también influyó en la diplomacia, ya que las disputas que antes se resolvían mediante la negociación se concluían, en cambio, mediante la guerra. Con las potencias europeas enfrentando a un estado africano contra otro, las naciones iban a la guerra armadas, con las armas que los europeos les proporcionaban convenientemente. Echemos un vistazo a algunas de las rivalidades más infames de esta época.

- El pueblo wólof contra las comunidades lebou.

El Imperio wólof de Senegambia estaba muy implicado en el comercio de esclavos. La necesidad de más africanos a los que esclavizar empujó a los wólof a ampliar sus incursiones territoriales hacia las comunidades pesqueras de los lebou. Las tensiones entre ambos grupos crecieron hasta el punto de que el comercio y los matrimonios mixtos entre ellos cesaron durante generaciones.

- Akan frente a Asante.

El Imperio asante buscó la forma de satisfacer la demanda europea de esclavos y la encontró en la comunidad akan. Siguió un ciclo y se desarrollaron represalias que inflamaron las rivalidades históricas y causaron divisiones entre los dos grupos.

- Guerras yoruba.

El Imperio oyo se estaba derrumbando a finales del siglo XVIII, lo que condujo a un periodo de luchas internas conocido como las guerras civiles yoruba. Hubo muchas razones para los conflictos, pero la venta de personas esclavizadas tuvo un papel importante en la creación de la violencia. Diversas facciones yoruba se apresuraron a apoderarse de los cautivos de sus rivales oyo, lo que solo echó más leña al fuego.

Los europeos hacían todo lo posible para que la guerra continuara y los prisioneros de guerra se pusieran a la venta. Sin embargo, hay que entender que los inocentes no gobernaban los reinos africanos. Los monarcas africanos desarrollaron un ansia de bienes europeos y comprendieron que sus deseos se satisfacían mejor asaltando al vecino y robando a sus súbditos. Francamente, una férrea oposición podría haber detenido el lado de la oferta del comercio atlántico de esclavos. Algunos

---

Extraído de cepr.org: https://cepr.org/voxeu/columns/understanding-long-run-effects-africas-slave-trades.

reyes lo hicieron, pero otros siguieron confiando en el comercio de esclavos para reforzar sus ingresos.

Los hechos de Dahomey

El reino de Dahomey fue un destacado estado de África Occidental implicado en el comercio atlántico de esclavos desde el siglo XVII hasta el siglo XIX. Aunque las potencias europeas tienen una gran responsabilidad en el inicio y la continuidad de este comercio, el papel de Dahomey es emblemático de cómo los Estados africanos participaron activamente en el comercio de esclavos.

Los productos comerciales europeos atraían a la clase dirigente de Dahomey. Los cristales, las armas de fuego y la metalistería eran productos muy deseados y podían obtenerse mediante el intercambio de personas esclavizadas. En consecuencia, la economía del reino pasó a depender en gran medida de la esclavitud.

Los europeos hacían negocios en el reino, pero no se les permitía ir más allá del puerto principal de Whydah. Solo a unos pocos se les permitía ir al interior para tener una audiencia con el rey. A los europeos no se les permitía tratar directamente con los súbditos del rey y el Estado se quedaba con todos los beneficios. A los europeos no les importaba esta situación, ya que, en última instancia, recibían lo que querían[30].

La estrecha asociación del reino de Dahomey con el comercio atlántico de esclavos llevó al reino a mantener relaciones diplomáticas con Brasil, posesión portuguesa, de 1795 a 1805.

Aproximadamente 4,8 millones de africanos fueron transportados a Brasil en más de 9.000 viajes durante los años de la trata atlántica de esclavos. Ouidah, un puerto esclavista africano controlado por Dahomey, entregó más del 50 % de todos los esclavizados de la región del golfo de Benín. Los principales puertos brasileños de escala eran Salvador y Río de Janeiro.

El reino africano envió dos embajadas a Brasil con la intención de establecer estrechas relaciones con las autoridades coloniales portuguesas y los grandes compradores de esclavos residentes en Brasil. Dahomey quería garantizar que sería el principal proveedor de africanos

---

[30] Saylor.org. (2023, 25 de septiembre). *The Kingdom of Dahomey*. Extraído de The Transatlantic Slave Trade: https://learn.saylor.org/mod/book/view.php?id=54827&chapterid=40411.

esclavizados a Brasil.

Las misiones diplomáticas no eran experiencias nuevas para la élite política de Dahomey. El reino había desarrollado una estructura administrativa para tratar con los extranjeros, que incluía la aceptación de embajadas en Abomey, la capital de Dahomey. Para facilitar las comunicaciones, Dahomey empleó escribas y traductores[31].

El reino de Dahomey tendió la mano a otras tierras extranjeras, además de Brasil. Bulfinche Lamb, agente comercial de la Compañía Real Africana, entregó una carta del rey de Dahomey al rey Jorge I de Gran Bretaña, solicitando una relación comercial en la que se intercambiarían armas y pólvora por esclavos[32].

Un Estado militar

La política exterior de Dahomey consistía en expandir el reino mediante la conquista e incorporar reinos más pequeños. Los europeos le proporcionaron las armas necesarias para alcanzar sus metas y objetivos nacionales. En consecuencia, Dahomey se convirtió en un Estado altamente militarizado.

El reino de Dahomey contaba con un regimiento de mujeres guerreras. Su existencia es el tema de una película reciente, *The Woman King*, que recibió una gran cantidad de prensa positiva. Sin embargo, lo que la película no trata en su totalidad es que estas damas no eran simples guardaespaldas del rey. Lucharon en guerras que se llevaron a cabo con el propósito principal de producir prisioneros para venderlos a Brasil y Cuba[33].

En pocas palabras, Dahomey no fue un participante pasivo en el comercio atlántico de esclavos. Mediante incentivos económicos, maquinaciones políticas y la fuerza militar, el reino de Dahomey

---

[31] Arantes, J. T. (2021, 14 de julio). *Study Highlights the Role of Diplomatic Relations between Dahomey and Brazil in the Slave Trade*. Extraído de Agencia FAPESP: https://agencia.fapesp.br/study-highlights-the-role-of-diplomatic-relations-between-dahomey-and-brazil-in-the-slave-trade/36328.

[32] Historical Society of Pennsylvania. (2008, 11 de septiembre). *An English Slave Trader, an African Prince & the Pennsylvania Gazette*. Extraído de Historical Society of Pennsylvania: https://hsp.org/blogs/hidden-histories/an-english-slave-trader-an-african-prince-the-pennsylvania-gazette.

[33] Araujo, A. L. (2022, 16 de septiembre). *The Woman King Softens the Truth of the Slave Trade*. Extraído de Slate.com https://slate.com/culture/2022/09/woman-king-movie-true-story-dahomey-amazons-slave-trade.html.

participó activamente en un comercio que tuvo efectos devastadores en su propia sociedad. Además, las relaciones del rey con los traficantes de esclavos eran lo suficientemente sofisticadas como para que el monarca enviara y recibiera embajadas extranjeras. La implicación de Dahomey con el comercio de esclavos continuó hasta bien entrado el siglo XIX.

La cooperación del reino del Congo

El Congo era un estado centralizado en el actual norte de Angola y el oeste de la República Democrática del Congo. Desempeñó un papel fundamental en el comercio atlántico de esclavos. Lo que comenzó como una relación amistosa, diplomática y comercial con el reino de Portugal llevó al reino del Congo a quedar cada vez más atrapado en una tela de araña.

El tráfico de personas se convirtió en una fuente de ingresos para la nación. Congo imponía impuestos a los comerciantes portugueses y exigía tributos a los estados vecinos más débiles que se pagaban parcialmente con personas esclavizadas. Estas prácticas contribuyeron a institucionalizar el papel de la esclavitud dentro de la economía y la política de este reino africano. Congo se convirtió gradualmente en parte integrante de la red más amplia del comercio de esclavos.

Al principio, el rey congoleño protegió a sus propios súbditos nacidos libres. El reino estaba en expansión y había un suministro constante de esclavos nacidos en el extranjero que eran el producto de diversas conquistas y guerras emprendidas contra el vecino Ndongo. La mayoría de los esclavos se exportaban a las posesiones portuguesas, pero el rey conservaba esclavos para sí, en particular criminales esclavizados. Como los criminales eran congoleños nacidos libres, no podían ser vendidos a otras partes.

La situación cambió radicalmente en pocos años. Los traficantes de esclavos portugueses empezaron a secuestrar a los congoleños nacidos libres, incluidos los niños de la nobleza. El problema creció tanto que provocó cartas del rey del Congo, Afonso I, al rey portugués Juan III en relación con el comercio de esclavos. Esta carta incluía lo siguiente:

> «Muchos de los nuestros, ávidos como están de las mercancías y cosas de vuestros reinos, que son traídas aquí por vuestra gente, y para satisfacer su voraz apetito, apresan a muchos de los nuestros, hombres liberados y exentos, y muy a menudo sucede que secuestran incluso a nobles e hijos de nobles, y a nuestros parientes, y los llevan para

venderlos a los hombres blancos que están en nuestros reinos; y para ello los han ocultado, y a otros los traen durante la noche para que no puedan ser reconocidos.

»Y tan pronto como son tomados por los hombres blancos son inmediatamente marcados a fuego. Y cuando son llevados para ser embarcados, si son capturados por los hombres de nuestros guardias los blancos alegan que los han comprado, pero no pueden decir a quién, por lo que es nuestro deber hacer justicia y devolver a los libertos sus libertos, pero no puede hacerse si sus súbditos se sienten ofendidos, como afirman estarlo»[34].

La intención de Afonso era acabar con el comercio de esclavos y pidió ayuda a Juan III.

«Por eso rogamos a Su Alteza que nos ayude y asista en este asunto, ordenando a sus factores que no envíen aquí ni mercaderes ni mercancías, porque es nuestra voluntad que en estos reinos no haya comercio de esclavos ni salida para ellos. En cuanto a lo [referido] anteriormente, de nuevo rogamos a Vuestra Alteza que esté de acuerdo con ello, ya que de otro modo no podremos remediar un daño tan evidente. Ruegue a Nuestro Señor en Su misericordia que tenga a Su Alteza bajo Su guardia y le permita hacer para siempre las cosas de Su servicio»[35].

Lamentablemente, nada salió de esta petición. Afonso I fue incapaz de detener el comercio de esclavos. La élite del Congo había desarrollado un gusto por los productos europeos e ignoró todas las peticiones reales para ayudar a acabar con el comercio de esclavos. En 1568, unos guerreros conocidos como los jaga invadieron el reino del Congo. Contaron con la ayuda del pueblo llano.

---

[34] World History Commons. (2023, 25 de septiembre). *Excerpt of Letter from Nzinga Mbemba to Portuguese King Jao III*. Extraído de World History Commons: https://worldhistorycommons.org/excerpt-letter-nzinga-mbemba-portuguese-king-joao-iii#doc_transcription.

[35] Mrcaseyhistoria. (2023, 25 de septiembre). *King Afonso I, Letter to King John III of Portugal*. Extraído de Mrcaseyhistory.files.wordpress.com: https://mrcaseyhistory.files.wordpress.com/2014/05/king-afonso-i-letter-to-king-john-iii-of-portugal.pdf.

Las guerras civiles y las luchas internas debilitaron Congo. Hacia 1710, el Estado central se había derrumbado y el reino fue repartido entre diversos intereses comerciales y políticos[36].

El compromiso del reino de Congo con la trata atlántica de esclavos fue una interacción laberíntica de beneficios económicos, realineamientos políticos y dilemas morales. Congo no fue una víctima involuntaria ni un colaborador entusiasta de la trata de esclavos. Era un Estado-nación que intentaba maniobrar a través de las corrientes geopolíticas de la época. El comercio atlántico de esclavos ejerció una fuerte presión sobre el Estado y contribuyó a su caída final.

Resistencia

A pesar de la colaboración de algunas naciones africanas, no todas participaron en el comercio de esclavos. Hubo resistencia al comercio y la gente se dio cuenta definitivamente de lo que estaba ocurriendo a sus comunidades, vecinos y familias.

Nzinga Mbandi, reina de Ndongo y Matamba, fue una feroz opositora a los intentos portugueses de esclavizar a su pueblo. Utilizó una combinación de acciones militares y negociaciones para proteger a sus súbditos de los traficantes de esclavos. Trabajó para poner fin al transporte de africanos esclavizados a las Américas. Nzinga también se esforzó por liberar a las personas que ya estaban esclavizadas. Por desgracia, no era inmune al señuelo de los beneficios de la esclavitud. Nzinga utilizó a personas esclavizadas en sus plantaciones y vendió prisioneros de guerra a los europeos[37].

A Abdul Kader, Almaami de Futa Toro en el actual Senegal, se le atribuye la abolición del comercio de esclavos en su territorio en el siglo XVIII. Esto no significaba que sus súbditos no pudieran esclavizar a la gente, pero los traficantes de esclavos europeos no podían esclavizar a los habitantes ni transportar esclavos a través de su territorio.

Los intentos locales de resistir al comercio de esclavos incluyeron la fortificación de varias ciudades. Una dificultad importante para oponerse

---

[36] Mitchell, R. (2023, 10 de abril). *The Rise and Fall of Central Africa's Mighty Kingdom of Kongo*. Extraído de Ancient Origins: https://www.ancient-origins.net/ancient-places-africa/kingdom-kongo-0018228.

[37] Polat, G. (2023, 19 de mayo). *Queen Nzinga: Badass African Queen That Fought the Portuguese & Won*. Extraído de Trailblazing Women & LGBTQ Folks: https://letherfly.org/queen-nzinga-the-portuguese-sold-her-people-into-slavery-so-she-went-to-war/.

a la trata de esclavos era que la toma de esclavos estaba arraigada en las culturas y economías de África Occidental. Una vez que se estableció como fuente de ingresos y beneficios, el comercio de esclavos fue muy difícil de detener. Demasiada gente ganaba demasiado dinero.

En resumen

Podría decirse que la trata atlántica de esclavos desgarró el tejido social de África Occidental. Las familias, las comunidades y los reinos se desmoronaron gradualmente a medida que crecía el ansia de trabajo forzado. Sus implicaciones sociales, incluida la desintegración de las estructuras familiares, la alteración de los roles de género, la erosión de la confianza comunitaria y el debilitamiento de los reinos, fueron consecuencias horribles. Pasarían generaciones antes de que se restableciera cualquier tipo de cordura en África Occidental.

Mientras tanto, tenía que haber una forma de acabar con la locura. Iba a ser necesaria una intervención exterior para acabar de una vez con la trata de esclavos en el Atlántico.

Capítulo 5: El negocio de la trata de seres humanos

La esclavitud era una empresa en la que las personas eran la mercancía. Vender seres humanos significaba despojar a las personas de su dignidad. A los que estaban en el negocio del comercio de esclavos, poco les importaba eso. Querían asegurarse de poder vender a los africanos esclavizados al mejor precio posible.

Un barco negrero acababa atracando en el muelle de un importante mercado de esclavos, donde comenzaba el proceso de preparación de los africanos para su subasta. Los esclavizados a menudo estaban demacrados y doloridos tras el largo viaje. Se les curaban los cortes y magulladuras superficiales y se los bañaba. Esto no era para garantizar su salud o bienestar; más bien, se los lavaba para que parecieran más atractivos a un posible comprador.

Los esclavizados eran restregados para eliminar la suciedad y el desgaste de su largo viaje. A continuación, se les untaba con aceite para dar a su piel un brillo que los hiciera parecer más sanos de lo que realmente estaban.

Hoy en día, los productos de consumo se etiquetan; lo mismo se hacía con los esclavos. Los individuos eran marcados con símbolos o iniciales de sus nuevos dueños. Esto no solo era físicamente doloroso, sino que el esclavizado llevaría una cicatriz de por vida que sería un recordatorio constante de su nuevo estatus.

La presentación

Un esclavo a punto de ser subastado debía tener el mejor aspecto posible. Se los vestía con ropas burdas. La ropa podía ocultar más fácilmente las llagas y otras imperfecciones que podían rebajar el valor de una persona. Es cierto que muchos africanos esclavizados serían desnudados para una inspección final, aunque esto no siempre ocurría.

El día de la subasta era una gran ocasión en la industria de la esclavitud. Los compradores estaban dispuestos a gastar cientos o incluso miles de dólares en la persona adecuada. Esto significaba que los individuos esclavizados eran sometidos a inspecciones meticulosas. Serían pinchados y sondeados, se comprobaría el tono de sus músculos, se examinarían sus dientes y se evaluaría su temperamento. Se separaba a las familias y se subastaba por separado a hombres, mujeres y niños.

La inspección física formaba parte de la presentación. A menudo se obligaba a los esclavizados a realizar tareas o incluso trucos para demostrar sus habilidades. Se los obligaba a saltar, correr y transportar objetos pesados. Todo ello tenía como objetivo mostrar su vitalidad y utilidad a los posibles clientes. Los subastadores utilizaban a menudo palabras como «especímenes» o «unidades» para enfatizar que estos seres humanos eran propiedades que se vendían y compraban.

Relatos de primera mano

Los antiguos esclavos de la América del siglo XIX dejaron relatos de las experiencias que sufrieron en el mercado. Henry Bibb, en 1849, hizo un relato que incluía el examen previo a la venta de los esclavos por parte de los inspectores.

> «Tuvimos que pasar allí por un examen o inspección por parte de un oficial de la ciudad, cuyo negocio era inspeccionar la propiedad de esclavos que era llevada a ese Mercado para su venta. Examinó nuestras espaldas para ver si nos habían dejado muchas cicatrices los latigazos. Examinó nuestras extremidades para ver si éramos inferiores. Como es difícil saber la edad de los esclavos, les miraba los dientes en la boca y les pinchaba la piel del dorso de la mano, y si la persona estaba muy avanzada en la vida, al pincharle la piel, la arruga aguantaba tantos segundos en el dorso de la mano. Pero el examen más riguroso de los esclavos por parte de esos inspectores de esclavos es sobre la capacidad mental. Si se descubre que son muy inteligentes,

esto se considera como la más objetable de todas las demás cualidades relacionadas con la vida de un esclavo. De hecho, socava todo el entramado de su condición de esclavo; prepara para lo que los esclavistas se complacen en considerar el pecado imperdonable cuando lo comete un esclavo. Sienta las bases para huir e irse a Canadá. También ven en ella el amor a la libertad, el patriotismo, la insurrección, el derramamiento de sangre y la guerra exterminadora contra la esclavitud estadounidense. De ahí que se cuidan mucho de preguntar si un esclavo que está en venta sabe leer o escribir. Esta pregunta me la han hecho a menudo los traficantes de esclavos y los plantadores de algodón, mientras yo estaba allí para el mercado. Después de conversar conmigo, han jurado por su Hacedor que no me tendrían entre sus negros y que veían el diablo en mi ojo; que huiría, etc.»[38].

En un relato de 1858, Josiah Henson cuenta cómo su familia fue separada en una subasta de esclavos.

> «Mis hermanos y hermanas fueron pujados primero, y uno a uno, mientras mi madre, paralizada por la pena, me llevaba de la mano. Llegó su turno y fue comprada por Isaac Riley, del condado de Montgomery. Luego me ofrecieron a los compradores reunidos. Mi madre, medio distraída con la idea de separarse para siempre de todos sus hijos, se abrió paso entre la multitud mientras se celebraba la puja por mí, hasta el lugar donde se encontraba Riley. Cayó a sus pies y se aferró a sus rodillas, suplicándole en tonos que solo una madre podría ordenar que comprara a su bebé tanto como a ella misma, y le perdonara al menos a uno de sus pequeños. ¿Podrá, puede, creerse que este hombre, así apelado, era capaz no solo de hacer oídos sordos a su súplica, sino de desasirse de ella con golpes y patadas tan violentos que la redujeron a la necesidad de arrastrarse fuera de su alcance y mezclar el gemido del sufrimiento corporal con el sollozo de un corazón roto? Mientras se arrastraba para alejarse del brutal hombre, la oí sollozar: "¡Oh, Señor Jesús, cuánto

---

[38] Bibb, H. Capítulo IX. https://pressbooks.library.torontomu.ca/henrybibb/chapter/9/.

tiempo, cuánto tiempo he de sufrir de esta manera!"; yo debía de tener entonces entre cinco y seis años. Me parece ver y oír ahora a mi pobre madre llorosa»[39].

Henson nunca volvió a ver a sus hermanos.

William Wells Brown fue contratado por su amo para ayudar a transportar esclavos por el río Misisipi. En 1849, relata lo que vio mientras transportaba carga humana a Nueva Orleans.

> «Había en el barco una gran habitación en la cubierta inferior, en la que se mantenía a los esclavos, hombres y mujeres, promiscuamente —todos encadenados de dos en dos, y se mantenía una estricta vigilancia para que no se soltaran; pues se han dado casos en los que los esclavos se han soltado las cadenas y se han escapado en los lugares de desembarco mientras los barcos recogían leña— y con todos nuestros cuidados, perdimos a una mujer que había sido separada de su marido y de sus hijos, y no teniendo ningún deseo de vivir sin ellos, en la agonía de su alma saltó por la borda y se ahogó. No estaba encadenada. Era casi imposible mantener limpia esa parte del barco. Al desembarcar en Natchez, todos los esclavos fueron llevados al corral de esclavos y allí permanecieron una semana, durante la cual varios de ellos fueron vendidos. El Sr. Walker alimentaba bien a sus esclavos. Llevamos a bordo, en San Luis, varios cientos de libras de tocino (carne ahumada) y harina de maíz, y sus esclavos estaban mejor alimentados de lo que generalmente estaban los esclavos en Natchez, hasta donde llegó mi observación. Al cabo de una semana, partimos hacia Nueva Orleans, el lugar de nuestro destino final, al que llegamos en dos días. Aquí los esclavos fueron colocados en un *negro-pen*, donde los que deseaban comprar podían llamar y examinarlos. El *negro-pen* es un pequeño patio, rodeado de edificios, de cuatro a seis metros de ancho, con la excepción de una gran puerta con barrotes de hierro. Los esclavos permanecen en los edificios durante la noche y salen al patio durante el día. Después, lo mejor del ganado se vendió en venta privada en el corral, el resto se llevó a las salas de subastas del Exchange Coffee House, regentado por

---

[39] Henson, J. *Truth Stanger than Fiction*. https://docsouth.unc.edu/neh/henson58/henson58.html.

Isaac L. McCoy, y se vendió en subasta pública. Tras la venta de este lote de esclavos, salimos de Nueva Orleans hacia San Luis»[40].

Las subastas de esclavos también podían incluir a ancianos. Corrían un riesgo considerable porque no tenían la fuerza física para hacer trabajos manuales duros. William Wells Brown escribe sobre cómo se los preparaba para el mercado.

«En el transcurso de ocho o nueve semanas, el Sr. Walker se hizo con su cargamento de carne humana. Había en este lote varios ancianos y ancianas, algunos de ellos con mechones grises. Salimos de San Luis en el barco de vapor *Carlton*, del capitán Swan, con destino a Nueva Orleans. En nuestro descenso, y antes de llegar a Rodney, el lugar donde hicimos nuestra primera parada, tuve que preparar a los viejos esclavos para el mercado. Me ordenaron que afeitara los bigotes de los viejos y les arrancara las canas, donde no fueran demasiado numerosas, en cuyo caso tenía un preparado de tizón para colorearlo, y con un cepillo de tizón se lo poníamos. Este era un asunto nuevo para mí y se realizaba en una habitación donde los pasajeros no podían vernos. A estos esclavos también les enseñaba el Sr. Walker la edad que tenían, y después de pasar por el proceso de ennegrecimiento, parecían diez o quince años más jóvenes; y estoy seguro de que algunos de los que compraron esclavos al Sr. Walker fueron terriblemente engañados, especialmente en las edades de los esclavos que compraron»[41].

Aquellos esclavos ancianos que no fueron vendidos podrían haber sido forzados a vivir en un abandono extremo sin comida, refugio o cuidados médicos adecuados. Eran vistos como una carga demasiado pesada y podrían haber sido asesinados para evitar más gastos en mantenerlos con vida[42].

---

[40] Brown, William. *Narrativa de William W. Brown*. https://docsouth.unc.edu/neh/brown47/brown47.html.

[41] Brown, William. *Narrativa de William W. Brown*. https://docsouth.unc.edu/neh/brown47/brown47.html.

[42] National Humanities Center. (2023, 18 de septiembre). *Slave Auctions*. Extraído de Nationalhumaniesescener.org:

El mercado

Hubo mercados que destacaron en el Nuevo Mundo. Estaban conformados por las demandas económicas locales, las políticas coloniales y las prácticas culturales, pero lo que tenían en común era la venta de seres humanos esclavizados. El volumen de varios de estos mercados se medía en decenas de miles. Sus volúmenes máximos se produjeron a menudo después de que se aboliera formalmente el comercio de esclavos.

- Río de Janeiro

Río de Janeiro era una ciudad portuaria crítica con una economía próspera debida principalmente a las plantaciones de azúcar y de café. La inmensa demanda de mano de obra hizo de Río de Janeiro un destino privilegiado para los esclavistas.

El muelle de Valongo, declarado Patrimonio de la Humanidad, fue uno de los principales puntos de desembarco de la población esclavizada. El muelle era esencialmente un complejo formado por varias partes, incluidas zonas de retención conocidas como lazaretos. La tasa de mortalidad en estos corrales de retención era increíblemente alta debido a las enfermedades, la desnutrición y el trato brutal.

El yacimiento arqueológico del muelle de Valongo ocupa toda la plaza del Jornal do Comércio. El yacimiento se compone de varias capas arqueológicas, la más baja de las cuales consiste en pavimentos que se atribuyen al muelle original.

Toda la zona era un bullicioso centro de actividad comercial. Brasil era el mayor importador de esclavos de América. Se calcula que unos 900.000 africanos pasaron solo por el muelle de Valongo[43].

- El puerto de La Habana

La Habana era vital para el comercio atlántico de esclavos debido a su situación geográfica y a su importancia económica. El puerto era uno de los más seguros y navegables del Caribe, lo que lo convertía en un atractivo puerto de entrada para los barcos negreros que llegaban de África. La Habana no era solo el puerto de entrada de la trata de esclavos cubana. Era un centro neurálgico para otras partes del Caribe y de la América Latina continental.

---

https://nationalhumanitiescenter.org/pds/maai/enslavement/text2/slaveauctions.pdf.
[43] Lodi, C. (2023, 18 de septiembre). *Washing of the Valongo Wharf, Rio de Janeiro (Brazil)*. Extraído de Whc.unesco.org: https://whc.unesco.org/en/canopy/valongo/.

La Cuba española dependía en gran medida de las plantaciones de azúcar, que necesitaban un gran número de trabajadores. La población indígena fue casi aniquilada debido a las enfermedades y a la explotación, lo que convirtió a los africanos esclavizados en la principal fuente de mano de obra. Entre diez mil y veinte mil esclavos africanos se vendían anualmente en La Habana. El puerto estaba increíblemente ocupado.

Los esclavos eran colocados en corrales de retención llamados barracones, donde se los preparaba para la subasta. Eran espacios estrechos y plagados de enfermedades, donde los esclavizados eran sometidos a condiciones espantosas. Los esclavizados eran cubiertos con tiza o manteca de cerdo para ocultar sus defectos físicos o cicatrices.

Los datos demográficos de la población permiten apreciar mejor la importancia que tuvo el comercio de esclavos para Cuba. Entre 1763 y 1860, la población de Cuba pasó de menos de 150.000 personas a más de 1.300.000. La población esclava aumentó de 39.000 en la década de 1770 a casi 400.000 en la de 1840, lo que significa que aproximadamente un tercio de la población de la isla eran personas esclavizadas a mediados del siglo XIX.

La población esclava creció aún más durante el siglo XIX, ya que Cuba importó más de 600.000 esclavos. La mayoría de ellos llegaron después de 1820, año en que España y Gran Bretaña acordaron poner fin al comercio de esclavos en las colonias españolas[44].

- Bridgetown, Barbados

Barbados era una joya de la corona del Imperio británico. Tenía un suelo fértil ideal para el cultivo del azúcar y prometía considerables beneficios. Como ya se ha mencionado, el cultivo de la caña de azúcar y el procesamiento del azúcar es una industria que requiere mucha mano de obra y un significativo esfuerzo humano. En consecuencia, Barbados se convirtió en un centro de actividad esclavista. Bridgetown tenía uno de los mercados de esclavos más activos del Caribe.

Curiosamente, los plantadores utilizaron inicialmente a obreros blancos como sirvientes contratados para trabajar en las granjas. Este fue el resultado de la guerra civil inglesa. Los prisioneros irlandeses fueron enviados a Barbados. Estos jornaleros de piel clara sucumbieron al calor

---

[44] Britannica.com. (2023, 19 de septiembre). *Sugarcane and the Growth of Slavery*. Extraído de Britannica.com: https://www.britannica.com/place/Cuba/Sugarcane-and-the-growth-of-slavery

y fueron sustituidos gradualmente por esclavos africanos.

En 1684, había aproximadamente 46.500 esclavos africanos y 19.500 europeos blancos en la isla. La exportación de africanos esclavizados a Barbados se agilizó con la creación de la Compañía Real Africana en 1672. Esta empresa estaba protegida por la Marina Real. El duque de York, que más tarde se convertiría en el rey Jacobo II de Gran Bretaña, era uno de los principales de la compañía.

Las subastas de esclavos en Bridgetown eran un asunto abierto y escenificado públicamente. Estas reuniones comerciales atraían a multitudes de plantadores, colonos y comerciantes.

El trato opresivo de las personas esclavizadas pasó a formar parte de la ley en 1661, cuando los plantadores de Barbados aprobaron el Código de Esclavos de Barbados. Este código describía a los africanos como un tipo de personas peligrosas y permitía castigos violentos por cualquier ofensa[45].

- Charleston, Carolina del Sur

Las colonias norteamericanas de Gran Bretaña se hicieron más rentables a medida que avanzaba el siglo XVII. Las plantaciones de arroz, índigo y algodón de Carolina del Sur hicieron rica a esta colonia. El trabajo forzado se consideraba necesario para el cultivo y Charleston se convirtió en un puerto principal para el comercio de esclavos en el Atlántico.

Entre 1670 y 1808, entraron en Charleston cerca de mil cargamentos de africanos esclavizados. Eso se traduce en aproximadamente 150.200 esclavos. Charleston fue el puerto receptor de más esclavos de toda Norteamérica continental[46].

En Charleston había varios lugares donde se realizaba la compraventa de personas esclavizadas. El Old Exchange Building era el lugar donde se celebraban las subastas al aire libre. Con el tiempo se aprobó una

---

[45] Abdul Mohamud, R. W. (2018, 21 de junio). *Britain's Involvement with the New World: Slavery and the Transatlantic Slave Trade*. Extraído de Bl.uk: https://www.bl.uk/restoration-18th-century-literature/articles/britains-involvement-with-new-world-slavery-and-the-transatlantic-slave-trade.

[46] Biblioteca Pública del Condado de Charleston. (2023, 18 de septiembre). *Nearly 1,000 Cargos: The Legacy of Importing Africans into Charleston*. Extraído de la Biblioteca Pública del Condado de Charleston: https://www.ccpl.org/charleston-time-machine/nearly-1000-cargos-legacy-importing-africans-charleston.

ordenanza municipal para prohibir la práctica de las ventas públicas, y las transacciones tuvieron que hacerse en el interior. El Old Slave Mart, antes Ryan's Mart, es el único edificio de subastas de esclavos que se conserva en Carolina del Sur. Se inauguró en 1856, junto con otras salas de venta cubiertas que podían encontrarse a lo largo de las calles State, Queen y Chalmers.

El Antiguo Mercado de Esclavos formaba parte de un complejo de edificios y constaba de un patio cerrado por un alto muro de ladrillo, un barracón de cuatro pisos, una cárcel para esclavos, una cocina y una morgue. La última subasta de esclavos tuvo lugar en noviembre de 1863[47].

La conservación de los sitios

Sería fácil permitir que el progreso urbano y los edificios cubrieran todos los lugares donde se compraban y vendían esclavos. Sin embargo, eso no ha sucedido. Brasil ha invertido mucho tiempo y dinero en el cuidado y la conservación del muelle de Valongo, que tiene un significado especial para la comunidad afrobrasileña.

El emplazamiento del Old Slave Mart de Charleston se utilizó en su día como taller de reparación de automóviles. Se convirtió en museo en 1938 y se incluyó en el Registro Nacional de Lugares Históricos en 1973. Charleston adquirió la propiedad en 1988 y el sitio se inauguró como espacio histórico y museo en 2007.

Barbados ha inaugurado el Distrito del Patrimonio de Barbados. Situado en los terrenos de lo que fue la plantación Newton, el distrito incluirá el Newton Enslaved Burial Ground Memorial para conmemorar los restos de 570 personas esclavizadas enterradas en tumbas sin nombre en la propiedad.

Normas en vigor

Por supuesto, las consecuencias del comercio atlántico de esclavos no terminaban cuando caía el mazo del subastador. Los esclavizados eran trasladados a plantaciones, minas, hogares u otros lugares donde se los ponía a trabajar, a menudo en condiciones muy duras. Los plantadores eran efectivamente la ley de la tierra en la mayoría de las islas del Caribe. Su dinero e influencia les permitían promulgar leyes que hacían a sus esclavos menos que humanos a los ojos de la ley.

---

[47] Charleston SC. (2023, 19 de septiembre). *Old Slave Mart Museum*. Extraído de Chaleston-sc.gov: https://www.charleston-sc.gov/160/Old-Slave-Mart-Museum

El poder de la élite de las plantaciones los situaba esencialmente fuera del alcance de la ley. Existían normas para el trato de los esclavos, pero se hacían excepciones considerables para quienes poseían plantaciones. Estos aristócratas comerciales podían hacer prácticamente lo que quisieran en las tierras que poseían.

Hay que reconocer que algunos de ellos eran personas decentes. Hay pruebas de ello. Había patricios que eran sensibles a las necesidades de sus esclavos. Sin embargo, buenos o malos, los dueños de las plantaciones ostentaban un poder absoluto y subyugaban a otros seres humanos. Su dominio corrompía absolutamente.

Capítulo 6: El sistema de plantaciones en el Nuevo Mundo

Los esclavos eran obligados a trabajar en las minas y en los hogares, pero la mayoría de los africanos esclavizados eran enviados a trabajar en las plantaciones. La mayor parte de los beneficios generados por el Nuevo Mundo, al margen de la minería de oro y plata, procedían de las plantaciones que cultivaban azúcar, tabaco, índigo, arroz o café. Las jornadas laborales eran largas, las condiciones de trabajo increíblemente duras y se ignoraban los derechos humanos básicos.

Los plantadores dominaban la tierra que poseían y los esclavos existían para generar dinero para ellos. Las respectivas potencias coloniales influían en las condiciones de las plantaciones. Lo que sufría un esclavo dependía a menudo de la bandera soberana que ondeaba sobre la tierra, aunque había temas comunes a todos los esclavizados de América.

Condiciones de trabajo y de vida

Es un hecho que se esperaba que los esclavos trabajaran largas jornadas llenas de trabajo duro. He aquí un vistazo a lo que podían esperar los esclavizados en diferentes lugares de América.

- Cuba

La esclavitud en Cuba estuvo profundamente entrelazada con el auge de la economía de las plantaciones azucareras, que fue la piedra angular de la historia colonial de la isla. El sistema de ingenios se practicaba en Cuba y se centraba en los grandes ingenios, que eran el centro de la industria azucarera. Los ingenios eran emplazamientos industriales compuestos por campos, fábricas y viviendas para los esclavos.

Surgió un sistema escalonado en el que los esclavos estaban sometidos a diversos niveles de penuria y vigilancia. Había trabajos calificados, pero los esclavos eran empleados principalmente en tareas peligrosas, como la molienda de la caña de azúcar.

Las personas se hacinaban en espacios reducidos para dormir y estaban bajo vigilancia constante. A menudo se separaba a un esclavo de los miembros de su familia y se lo podía privar de intimidad.

- Brasil

En Brasil, los esclavos se dedicaban a tareas como plantar, cortar, acarrear y procesar la caña de azúcar. Brasil tenía una cuota diaria de trabajo, la *tarefa*, que cada esclavo debía cumplir. El incumplimiento de estas cuotas diarias acarreaba duros castigos. Las *tarefas* se fijaban a menudo en cifras irrealmente altas para mantener a los esclavos trabajando al máximo de su capacidad.

- Caribe francés

En las plantaciones azucareras francesas existía una jerarquía. Los esclavos se dividían en esclavos de campo, esclavos domésticos y esclavos artesanos. Cada uno soportaba diferentes tipos de abusos. Los esclavos de campo trabajaban de sol a sol, laborando bajo el ardiente sol y la estrecha vigilancia de los capataces que empleaban la violencia para asegurarse de que los esclavizados trabajaban todo lo que podían. Las esclavas domésticas y las esclavas artesanas no participaban en el trabajo de campo, pero vivían cerca de sus amos, lo que las hacía más vulnerables a los abusos físicos y sexuales.

- Caribe británico

Los británicos practicaban una forma sistemática de maltrato hacia los esclavizados. Los esclavos recién llegados a menudo pasaban por un proceso de «sazonado» que tenía como objetivo quebrar sus espíritus. Normalmente incluía trabajos duros, mala alimentación y maltrato psicológico. Lo que destacaba del sistema británico de adiestramiento eran los libros de contabilidad detallados y las cuentas de lo que hacían los amos para aclimatar a sus propiedades a la esclavitud de las plantaciones.

Los británicos practicaban un sistema de conductores en el que esclavos seleccionados eran nombrados conductores para supervisar el trabajo de otros esclavos. Esto creaba una jerarquía dentro de la población esclava que enfrentaba a un grupo de esclavos contra otro.

- Carolina del Sur

Las plantaciones de Carolina del Sur empleaban sistemas de tareas para organizar el trabajo. A los esclavizados se les asignaban tareas específicas que debían completar cada día. Una vez completadas esas tareas, los esclavos podían trabajar en sus huertos o dedicarse a otras actividades.

Códigos legales

Las potencias coloniales del Nuevo Mundo establecieron leyes y reglamentos relativos a los esclavos y a la práctica de la esclavitud. Estos estatutos a menudo abarcaban más que los términos y condiciones de la servidumbre de una persona.

Código Negro

La legislación española de los siglos XVI y XVII permitía que las personas esclavizadas tuvieran ciertos derechos. Estos incluían el derecho a comprar su libertad y el acceso a los sacramentos católicos. En 1789, la Corona española intentó reformar la esclavitud en respuesta a la creciente demanda de mano de obra forzada. El Código Negro español era un decreto real que especificaba cuotas para los esclavos, limitaba el número de horas de trabajo, limitaba los castigos, exigía instrucción religiosa y protegía los matrimonios. El Código Negro también prohibía la venta de niños pequeños si con ello se los separaba de sus madres. El decreto no siempre fue seguido por los plantadores, que lo veían como una amenaza a su autoridad.

Brasil contaba con leyes que permitían la manumisión de esclavos, ya fuera por compra de sí mismo o como recompensa por un servicio. La Ley del Vientre Libre, promulgada en 1871, tuvo especial importancia. Declaraba que todos los niños nacidos de mujeres esclavizadas serían libres, aunque tenían que trabajar para el dueño de sus padres hasta que fueran adultos. Esta ley se eludió falsificando deliberadamente los certificados de nacimiento para demostrar que el niño había nacido antes de que se aprobara la ley. Una ley creada en 1885, la Ley Saraiva-Cotegipe, obligaba a liberar a los esclavizados mayores de sesenta años. Sin embargo, la ley también permitía a los propietarios abandonar a esas personas mayores una vez que se volvieran menos productivas[48].

---

[48] The Brazilian Report. (2020, 13 de mayo). *Slavery in Brazil*. Extraído de Wilsoncenter.org:

Caribe francés

Luis XIV promulgó un decreto en 1685 que guio la política de esclavitud de Francia hasta 1789. El Code Noir estipulaba que todos los esclavos serían instruidos como católicos y definía la condición de la esclavitud (por ejemplo, la esclavitud pasaba por la madre, no por el padre). Se impusieron duros controles a los esclavos (por ejemplo, golpear a un amo o a un miembro de su familia conllevaba la ejecución y los esclavos fugitivos podían perder las orejas). Los esclavizados carecían prácticamente de derechos, aunque se instaba a los amos a cuidar de los enfermos y los ancianos[49].

Gran Bretaña

Gran Bretaña proporcionó las leyes más restrictivas con respecto a las personas esclavizadas en el Nuevo Mundo. Existía el Código de Esclavos de Barbados de 1661 y el posterior Código de Esclavos de 1667, que incluía enmiendas al original.

El racismo en el lenguaje de estos códigos es impresionante. Se referían a los africanos esclavizados como «paganos, brutos y una clase de gente incierta y peligrosa». Los castigos eran severos. Destaca una pena por golpear a un amo:

> «Será severamente azotado y quemado en la cara. Por la tercera ofensa, recibirá por orden del Gobernador y del Consejo el castigo corporal mayor que consideren oportuno infligir, siempre que tal golpe o conflicto no sea en defensa legítima de su Amo, Ama o dueños de sus Familias o de sus bienes»[50].

El Código de Esclavitud de Barbados fue un modelo para otras posesiones británicas en el Nuevo Mundo. Carolina del Sur promulgó una legislación comparable que otorgaba el máximo control a los esclavistas y negaba los derechos humanos fundamentales a toda persona esclavizada.

---

https://www.wilsoncenter.org/blog-post/slavery-brazil.
[49] Liberte, Egalite, Fraternite. (2023, 1 de octubre). *The Code Noir (El Código Negro)*. Extraído de Revolution.chnm.org: https://revolution.chnm.org/d/335/.
[50] SLP. (2023, 1 de octubre). *Barbados Slave Code (1661-1667)*. Extraído de Slaverylawpower.org: https://slaverylawpower.org/barbados-slave-code/.

Abuso sexual

Dado que las mujeres y los hombres esclavizados eran vistos como una propiedad, se produjeron muchos casos de abuso sexual. Las violaciones eran habituales, sobre todo entre las mujeres. Los niños nacidos de este tipo de violencia también podían ser esclavizados dependiendo del poder colonial que estuviera al mando. Hubo casos en los que se obligó a las esclavas a tener descendencia para aumentar el número de esclavos. Estos niños podían ser vendidos a menos que la ley lo prohibiera expresamente.

Rebeliones de esclavos

La gente solo puede aguantar cierta cantidad de abuso antes de que finalmente tenga suficiente y se rebele. Las condiciones de trabajo en las plantaciones eran habitualmente terribles. La esperanza de vida era muy baja en una plantación azucarera y la tasa de mortalidad anual era elevada.

Para la mayoría de los esclavizados, tenían poco que perder, pero mucho que ganar. Los levantamientos de esclavos eran frecuentes en América y algunos de ellos fueron increíblemente violentos. Varias rebeliones tienen un significado especial en la historia del comercio atlántico de esclavos.

Las guerras cimarronas (1728-1740)

Gran Bretaña arrebató el control de Jamaica a los españoles en 1655 e instituyó su propia versión más dura de la esclavitud. De lo que no se dieron cuenta los británicos fue que en Jamaica había una población de esclavos fugitivos que encontraron refugio en las montañas del interior. Se los conocía como los cimarrones.

Cimarrón significa fiero o revoltoso. Eran pueblos libres que resistieron a los españoles durante años. Al principio, los británicos se llevaban bien con los cimarrones y se aliaron con ellos para obligar a los españoles que quedaban a abandonar la isla. Sin embargo, las tensiones aumentaron cuando los británicos intentaron desalojar a los cimarrones de sus fortalezas en las montañas.

La guerra estalló en 1720, cuando los cimarrones empezaron a asaltar las plantaciones británicas a lo largo de la base de las montañas. En 1728, los británicos agravaron la situación enviando más tropas a Jamaica.

Los cimarrones utilizaron el terreno montañoso en su beneficio. Había dos grupos: los cimarrones de Barlovento, dirigidos por un hombre llamado capitán Quao, y los cimarrones de Sotavento, dirigidos por un genio de la guerra de guerrillas llamado Cudjoe.

Los británicos fueron incapaces de derrotar a los cimarrones y decidieron poner fin al conflicto mediante la negociación. Los Tratados de Sotavento y Barlovento de 1739 pusieron fin a las guerras. Sin embargo, la esclavitud seguía existiendo en Jamaica y los tratados exigían a los cimarrones que devolvieran los esclavos fugitivos a los británicos.

No obstante, el conflicto demostró que los británicos no eran los amos absolutos de sus posesiones caribeñas. Una oposición bien organizada y bien dirigida podía lograr avances significativos[51].

La revolución haitiana (1791-1804)

La revolución haitiana ha sido calificada como la mayor y más exitosa rebelión de esclavos de la historia mundial. La revolución haitiana terminó con la creación de la República de Haití, el primer gobierno de América controlado por antiguos esclavos.

Saint-Domingue fue una fuente de inmensa riqueza para Francia, generando más ingresos que todas las colonias británicas de Norteamérica juntas. El azúcar, el café, el índigo y el algodón eran productos básicos y producían beneficios asombrosos. Los esclavos proporcionaban la mano de obra.

Saint-Domingue contaba con cinco grupos de interés en los últimos años del siglo XVIII:

- Los plantadores blancos: Eran los que poseían las plantaciones y los esclavos.
- *Petit Blancs*: Eran tenderos, artesanos y maestros. La mayoría no poseía esclavos, aunque algunos sí.
- Negros libres: No todas las personas de color estaban esclavizadas. Había negros libres en Saint-Domingue. Aproximadamente el 50 % eran mulatos y eran, en general, más ricos que los *Petit Blancs*.

---

[51] Maroon History. (2023, 1 de octubre). *Maroon History*. Extraído de Cyber.harvard.edu: https://cyber.harvard.edu/eon/marroon/history.html.

- Los esclavos: Trabajaban los campos, procesaban el azúcar y llevaban a cabo los duros trabajos que hicieron de Saint-Domingue un tesoro para los franceses.
- Cimarrones: Eran esclavos fugitivos que vivían en las profundidades de las montañas y sobrevivían gracias a la agricultura de subsistencia.

Los plantadores blancos y los *Petit Blancs* en la década de 1780 sumaban unas cuarenta mil personas. Había aproximadamente treinta mil negros libres. No había forma de calcular cuántos cimarrones había. Sin embargo, había cerca de 500.000 personas esclavizadas. Superaban en número a los blancos en una proporción de más de diez a uno[52].

La Revolución francesa

Los plantadores blancos hicieron todo lo posible por mantener las cosas bajo control, pero hubo rebeliones de esclavos a lo largo de la historia de la colonia francesa. La situación cambió radicalmente con la Revolución francesa. Los plantadores blancos de Saint-Domingue fueron a Francia y exigieron representación en la Asamblea Nacional. No esperaban la reacción que recibieron de París. Había diputados de la Asamblea Nacional que eran miembros de la Sociedad de los Amigos de los Negros que abogaban por la abolición de la trata de esclavos y defendían la concesión de plenos derechos civiles a todos los negros libres de las colonias. Hubo un clamor importante en París a favor de la abolición de la esclavitud[53].

En marzo de 1790, la Asamblea Nacional francesa aprobó la Declaración de los Derechos del Hombre y del Ciudadano. Este monumental documento, que propugnaba los derechos inherentes al hombre, allanó el camino para la aprobación de una ley en 1791, que concedía la ciudadanía a las personas libres de color nacidas de dos padres libres. Esta ley no era aceptable para los plantadores blancos y aumentó las fricciones y la agitación en la colonia francesa.

Finalmente, el 22 de agosto de 1791, los esclavos se rebelaron y tomaron posesión de la provincia norte de la colonia. Empezaron a

---

[52] Sutherland, C. (2007, 16 de julio). *Haitian Revolution (1791-1804)*. Extraído de BlackPast: https://www.blackpast.org/global-african-history/haitian-revolution-1791-1804/.
[53] Liberte, Egalite, raternte. (2023, 1 de octubre). *Slavery and the Haitian Revolution*. Extraído de Revolution.chrm.org: https://revolution.chnm.org/exhibits/show/liberty–equality–fraternity/slavery-and-the-haitian-revolu.

surgir tres líderes destacados de la rebelión: Toussaint Louverture, Jean-Jacques Dessalines y Henri Christophe. Léger-Félicité Sonthonax, un delegado enviado por el gobierno francés, declaró el fin de la esclavitud efectivo el 29 de agosto de 1793[54].

Louverture acabó haciéndose con el control de grandes porciones de Saint-Domingue. Se proclamó gobernador general vitalicio en enero de 1801. Napoleón Bonaparte intentó recuperar el control de Saint-Domingue y envió una fuerza expedicionaria a la isla. Louverture fue encarcelado por los franceses y murió el 7 de abril de 1803.

Mientras tanto, Dessalines y Christophe luchaban contra los franceses, diezmados por la fiebre amarilla. Finalmente, con la ayuda de la Marina Real británica, los franceses fueron derrotados y Saint-Domingue, ahora conocida como Haití, fue declarada independiente el 1 de enero de 1804[55].

Toussaint Louverture

---

[54] Bradshaw, J. (2023, 1 de octubre). *Saint-Domingue Revolution*. Extraído de 64 Parishes: https://64parishes.org/entry/saint-domingue-revolution?gclid=EAIaIQobChMIztKE2JqtgQMVRA6zAB1uKgxcEAAYAiAAEgL9sPD_BwE.

[55] Britannica.com. (2023, 1 de octubre). *Haitian Revolution*. Extraído de Britannica.com: https://www.britannica.com/topic/Haitian-Revolution.

La revolución haitiana tuvo consecuencias de gran alcance para la trata de esclavos en el Atlántico. Era la primera vez que triunfaba un levantamiento de esclavos en las Américas y fue el primer levantamiento de esclavos de la historia que estableció una nación independiente. La revolución haitiana inspiró a todos los que querían acabar con la esclavitud en el Nuevo Mundo e impulsó las actividades que condujeron a la abolición de la institución.

La rebelión de Bussa (1816)

El Imperio británico no fue inmune a los levantamientos de esclavos. La rebelión estaba en el aire y el descontento se extendía por las islas. Barbados tuvo su cuota de levantamientos de esclavos en años anteriores, pero una rebelión significativa ocurrió el 14 de abril de 1816. Fue el mayor levantamiento de esclavos de la historia de Barbados.

Liderados por un hombre llamado Bussa, los esclavos se sublevaron en la parroquia de San Felipe e incendiaron los campos de caña de azúcar. Más de setenta fincas sufrieron graves daños. El 15 de abril se declaró la ley marcial, y una combinación de milicias locales y tropas imperiales británicas reprimió la revuelta. Más de doscientos rebeldes fueron ejecutados por sus acciones[56].

La rebelión de Demerara (1823)

Aunque el comercio transatlántico de esclavos fue ilegalizado por Gran Bretaña en 1807, la esclavitud seguía utilizándose en sus colonias. La Guayana británica, la actual Guyana, tenía fama de tratar de forma inhumana a los esclavizados. Desempeñaban trabajos agotadores bajo el sol abrasador y eran azotados si se movían demasiado despacio o hablaban fuera de turno.

Jack Gladstone encabezó una rebelión en agosto de 1823. En ella llegaron a participar trece mil esclavos de sesenta plantaciones. El 20 de agosto, doscientos esclavos fueron asesinados por soldados británicos que recibieron la orden de abrir fuego contra dos mil rebeldes que no se dispersaban. Siguieron las represalias, como la tortura, y la rebelión fue aplastada[57].

---

[56] Momdou, S. (2017, 13 de agosto). *Bussa Rebellion (1816)*. Extraído de BlackPast: https://www.blackpast.org/global-african-history/bussa-rebellion-1816/#:~:text=The%20rebellion%20took%20its%20name,by%20the%20British%20in%201838.

[57] Lashmar, J. S. (2023, 19 de agosto). *A Huge Human Drama: How the Revolt That Began on the Gladstone Plantation Led to Emancipatio*. Extraído de Theguardian.com:

Las rebeliones de esclavos en las colonias británicas continuaron; por ejemplo, habría un levantamiento importante en Jamaica en 1831. Todas ellas fueron finalmente sofocadas, pero los periódicos británicos no guardaron silencio sobre la destrucción y las matanzas.

La opinión pública tenía antes una actitud de *laissez faire* hacia la esclavitud, pero esa indiferencia se estaba desvaneciendo rápidamente. La trata de seres humanos ya no se consideraba una empresa digna o moral, y muchas personas empezaron a exigir que se le pusiera fin. Los días de un comercio atlántico activo de esclavos estaban contados.

---

https://www.theguardian.com/world/2023/aug/19/how-revolt-gladstone-plantation-led-to-emancipation-demerara-rebellion.

Capítulo 7: El costo humano de la trata de esclavos

La trata de esclavos en el Atlántico marcó indeleblemente la vida de millones de personas y alteró la trayectoria de continentes enteros. Cuantificar el horror de esta empresa es embarcarse en un ejercicio de absurdo; los números y las estadísticas no pueden captar plenamente el alcance del sufrimiento humano provocado por la trata de esclavos.

Sin embargo, comprender la profundidad de su impacto —físico, psicológico y emocional— sobre las personas esclavizadas y sus familias es fundamental para entender plenamente lo que ocurrió. El costo humano de la trata de esclavos no es un concepto abstracto, sino una realidad que permanece en la memoria colectiva de la sociedad moderna. Los relatos personales y las historias orales nos permiten profundizar en el tema.

Impacto físico: Trabajos forzados y condiciones de miseria

Ya hemos hablado anteriormente en el libro de las condiciones de trabajo a las que se enfrentaban los esclavizados. La jornada de una persona esclavizada a menudo comenzaba al amanecer y terminaba al anochecer. Había veces, especialmente durante la cosecha y cuando había que procesar el azúcar, que las horas de trabajo se prolongaban hasta bien entrada la noche. Los esclavos eran afortunados si podían tener libres los domingos y algunos días festivos.

Los esclavos eran sometidos a una serie de tareas físicamente exigentes en función de las necesidades regionales y de los cultivos que allí se daban. En el Caribe y el sur de Estados Unidos, los esclavos trabajaban principalmente en plantaciones de caña de azúcar, algodón, índigo o arroz.

El trabajo en los campos de caña de azúcar era especialmente brutal. Cortar la caña de azúcar requería instrumentos afilados y mucha fuerza física. Los movimientos repetitivos bajo el sol ardiente, a menudo durante doce o dieciséis horas al día, provocaban gran cantidad de dolencias físicas como agotamiento por calor, deshidratación grave y cortes que podían infectarse rápidamente.

Los esclavos de las plantaciones de algodón también se enfrentaban a un trabajo agotador. Recoger algodón implica agacharse o estar en cuclillas durante largos periodos, lo que provoca problemas de espalda debilitantes. Las propias plantas de algodón tienen espinas afiladas que a menudo cortaban las manos de las personas que las recogían, lo que podía provocar heridas e infecciones posteriores.

La dieta de un esclavo era a menudo insuficiente tanto en cantidad como en calidad, lo que provocaba enfermedades como el escorbuto, el raquitismo y la pelagra. El impacto de la malnutrición se agravaba aún más por los parásitos y las enfermedades intestinales, que eran frecuentes debido a las malas condiciones sanitarias.

La atención sanitaria de los esclavizados no era una prioridad para los esclavistas. Muchos esclavizados confiaban en remedios populares o eran abandonados a su suerte. Cuando se les proporcionaba tratamiento médico, a menudo era administrado por otros esclavos con recursos limitados y no por profesionales médicos formados.

El cuento de los huesos

Al principio, el México español dependía de los indígenas para trabajar en las minas y cuidar los cultivos. A medida que la población indígena disminuía, se importaron africanos al Virreinato de Nueva España. Se calcula que se importaron entre 130.000 y 150.000 africanos antes de que se prohibiera la importación de esclavos en 1779.

Los cementerios cuentan la historia de los abusos físicos y las penurias que soportaron los esclavizados. En 1992, durante las excavaciones para una nueva línea de metro en el centro de Ciudad de México, se descubrió una fosa común que contenía restos óseos de personas esclavizadas. Los restos de tres individuos, cuyos patrones de modificación dental reflejaban los encontrados en diferentes prácticas culturales africanas, fueron analizados específicamente para estudios antropológicos.

Estos individuos vivieron entre 1436 y 1626, según la datación por radiocarbono. Las pruebas genéticas sugieren que procedían del sur o del oeste de África. Sus huesos revelan vidas llenas de graves penurias.

El primero mostró cambios esqueléticos anormales que suelen responder a afecciones asociadas a la dieta, como la anemia y la desnutrición, así como a infecciones parasitarias. La salud dental reveló signos de enfermedad periodontal, y los huesos de sus piernas parecen haberse roto y luego reformado. Las pruebas clínicas mostraron un nuevo desarrollo óseo que podría haber sido el resultado de microtraumatismos asociados al uso repetitivo y que se encuentran normalmente entre las personas que llevan cargas pesadas sobre los hombros. Los discos de la columna vertebral estaban protruidos debido a la compresión.

El segundo esqueleto mostraba periodontitis y signos de huesos rotos, fracturados y luego curados. Las enfermedades degenerativas habían dañado sus articulaciones. Había pruebas de una herida de machete en el cráneo y cambios esqueléticos que eran el resultado de una compresión intensa y gradual en los discos vertebrales.

El tercero tenía lesiones en el cráneo, que podrían haber sido causadas por malnutrición o anemia, infecciones parasitarias, pérdida de sangre o peritonitis. Los huesos se habían roto y luego reformado. Había pruebas de infecciones en los huesos largos de su cuerpo y una serie de fracturas en el cráneo y las piernas[58].

Narrativas personales de la crueldad física

En el siglo XIX se animó a los antiguos esclavos a escribir relatos sobre cómo habían sido tratados mientras fueron esclavizados. Solomon Northup escribió su relato, *12 años de esclavitud: Narrativa de Solomon Northup, ciudadano de Nueva York, secuestrado en la ciudad de Washington en 1841 y rescatado en 1853*, en 1853. Menciona la tortura que sufrió cuando sus secuestradores utilizaron la violencia física para quebrantar su espíritu.

«Tan pronto como aparecieron estos formidables látigos, fui sujetado por ambos y despojado bruscamente de mi ropa.

---

[58] Rogers, K. (2020, 30 de abril). *The Personal Stories of 3 Enslaved Africans, as Told by Their Bones*. Extraído de Cnn.com: https://www.cnn.com/2020/04/30/world/enslaved-african-history-trans-atlantic-slave-trade-trnd-scn/index.html.

Mis pies, como ya se ha dicho, estaban fijos en el suelo... Con la paleta, Burch comenzó a golpearme. Golpe tras golpe fue infligido sobre mi cuerpo desnudo. Cuando su implacable brazo se cansó, se detuvo y me preguntó si seguía insistiendo en que era un hombre libre. Insistí en ello, y entonces los golpes se renovaron, más rápida y enérgicamente, si cabe, que antes»[59].

La crueldad era un medio por el que los esclavistas mantenían el control sobre sus esclavos. Frederick Douglass, uno de los abolicionistas y escritores estadounidenses más conocidos que había nacido en la esclavitud, explicó el significado de la violencia física para los esclavizados y los propietarios de esclavos.

«Pero hay que maltratar al esclavo para mantenerlo como esclavo. El esclavista siente esta necesidad. Yo admito esta necesidad ... El látigo, la cadena, la mordaza, el tornillo de pulgar, el sabueso, el cepo y toda la demás parafernalia sangrienta del sistema esclavista, son indispensablemente necesarios para la relación del amo y el esclavo. El esclavo debe someterse a ellas o dejará de ser esclavo... [Hacer saber] que la autoridad de su amo sobre él ya no se impondrá quitándole la vida, e inmediatamente saldrá de la casa de servidumbre y afirmará su libertad como hombre»[60].

La brutalidad era común hasta el punto de ser casual. Bill Collins, un esclavo de Alabama que nació en 1846, recordó sus propias experiencias con su amo.

«Mi amo era tan cruel con sus esclavos que a veces estaban casi locos. Nos ataba contra un tronco y nos azotaba hasta que no podíamos caminar durante tres días. Los domingos, íbamos al granero y rezábamos a Dios para que arreglara alguna forma de liberarnos de nuestros mezquinos amos»[61].

---

[59] Lieblich, M. (2023, 25 de septiembre). *The Cultural Significance of Solomon Northup's Twelve Years a Slave*. Extraído de U.S. History Scene: https://ushistoryscene.com/article/12-years-a-slave/.

[60] Choi, M. (2023, 25 de septiembre). *Necessary Violence in Frederick Douglass's Narrative*. Extraído de Methodist.edu: https://www.methodist.edu/wp-content/uploads/2022/06/mr2020_choi.pdf.

[61] Morris, G. (2017, 1 de julio). *Unspeakable Cruelty: Former Slaves Tell Their Stories in Southern University Online Listings*. Extraído de The Advocate:

Agresiones psicológicas

El legado de la trata de esclavos a menudo se reduce a su desgaste físico, eclipsando sus impactos psicológicos igualmente devastadores. La brutalidad que sufrieron los esclavos no fue meramente física, sino también mental y emocional, dejando cicatrices psicológicas que durarían toda la vida e incluso atravesarían generaciones.

El proceso de deshumanización comenzaba con la captura de una persona. Cada transacción, subasta y flagelación servía como recordatorio de la supuesta condición «no humana» de una persona esclavizada. La deshumanización internalizada se manifestaba en diversos trastornos psicológicos, algunos de los cuales eran parecidos a lo que ahora se denomina trastorno de estrés postraumático complejo (TEPT).

Historias de la travesía

Ser capturado en el propio hogar era aterrador. Estas personas fueron arrancadas de sus hogares y familias y luego colocadas en una prisión de esclavos. Ese tipo de cosas permanecían en la psique de una persona durante el resto de su vida. Ajayi, un yoruba, relata detalladamente cómo lo apresaron los asaltantes de esclavos.

> «La mañana en la que mi pueblo, Ocho-gu, compartió el mismo destino que muchos otros habían experimentado, era hermosa y agradable y la mayoría de los habitantes estaban ocupados en sus respectivas tareas. Estábamos preparando el desayuno sin ninguna aprensión cuando, hacia las 9 de la mañana, se extendió por el pueblo el rumor de que los enemigos se habían acercado con intención de hostilizarnos.
>
> »¡Iba a presenciar la escena más penosa que se pueda imaginar! Mujeres, algunas con tres, cuatro o seis niños aferrados a sus brazos, con bebés a la espalda, y el equipaje que podían llevar sobre sus cabezas, corriendo tan rápido como podían a través de arbustos espinosos, que enganchando sus blusas y otras cargas, las bajaban de las cabezas de los portadores. Mientras les resultaba imposible ir cargadas, solo se esforzaban por salvarse a sí mismas y a

---

https://www.theadvocate.com/baton_rouge/entertainment_life/unspeakable-cruelty-former-slaves-tell-their-stories-in-southern-university-online-listings/article_996926ae-579c-11e7-9d36-13d23afca32d.html

sus hijos: incluso esto resultaba imposible para las que tenían muchos hijos a su cargo»[62].

Los relatos personales de las travesías del Pasaje del medio son especialmente espeluznantes. Los relatos de testigos presenciales de lo que ocurría bajo cubierta muestran la degradación a la que se enfrentaban los seres humanos destinados a la esclavitud.

Asa-Asa, quien finalmente acabó en las Antillas francesas, habló de las condiciones que encontró cuando fue colocado en la bodega de un barco negrero.

«Los esclavos que vimos a bordo del barco estaban encadenados por las piernas bajo cubierta, tan juntos que no podían moverse. Los azotaban muy cruelmente. Vi a uno de ellos azotado hasta morir; no pudimos saber por qué. Les daban bastante de comer. El lugar en el que los confinaban bajo cubierta era tan caluroso y desagradable que no soportaba estar en él. Muchos de los esclavos estaban enfermos, pero no los atendían. Solían azotarme mucho a bordo del barco: el capitán me hizo un corte muy feo en la cabeza una vez»[63].

El bloque de subastas

El asalto a la psique de una persona esclavizada continuaba después de que el barco negrero llegara a puerto. Tras ser vendidas, las personas esclavizadas eran a menudo marcadas y rebautizadas, borrando así su identidad y reforzando su condición de propiedad. (Un ejemplo ficticio, pero famoso de esto, proviene de la serie de televisión *Raíces*, en la que Kunta Kinte es rebautizado como Toby). La pérdida de su nombre y la imposición de una marca sirvieron como anclaje psicológico de su estatus deshumanizado, creando una sensación de vacío existencial y de borrado de la personalidad.

---

[62] Middle Passage Ceremonies and Port Markers Project (MPCPMP). (2012, 11 de enero). *Personal Stories of Captured Africans*. Extraído de Middle Passage Ceremonies and Port Markers Project (MPCPMP): https://www.middlepassageproject.org/2012/01/11/personal-stories-of-captured-africans/.

[63] Middle Passage Ceremonies and Port Markers Project (MPCPMP). (2012, 11 de enero). *Personal Stories of Captured Africans*. Extraído de Middle Passage Ceremonies and Port Markers Project (MPCPMP): https://www.middlepassageproject.org/2012/01/11/personal-stories-of-captured-africans/.

El trauma de la subasta venía después. A menudo las familias quedaban destrozadas. El impacto psicológico de la separación fue monumental. Los padres vivían con el temor constante de perder a sus hijos, y los niños crecían en familias fracturadas, lo que afectaba a su bienestar psicológico y a su comprensión de los vínculos familiares.

Crisis de salud mental y suicidio

Los relatos de antiguos esclavos mencionan casos de pensamientos suicidas e intentos de quitarse la vida entre los esclavizados, lo que apunta a una crisis de salud mental que no podía abordarse ni tratarse abiertamente. El suicidio era un medio de escapar de una realidad brutal. La Administración para el Progreso de las Obras (WPA, por sus siglas en inglés) entrevistó en la década de 1930 a antiguos esclavos sobre sus días de esclavitud. El suicidio era un tema común de conversación.

Martin Jackson contó a los entrevistadores de la WPA el suicidio de un familiar:

«Mi madre se ahogó años antes, cuando yo era pequeño. Solo la recuerdo después de muerta. Hoy puedo llevarle al lugar del río donde se ahogó. Se ahogó ella misma. Nunca supe la razón, pero se dijo que empezó a perder la cabeza y prefirió la muerte a eso»[64].

Los efectos psicológicos de la trata atlántica sobre las personas esclavizadas eran profundos y complejos, y a menudo se manifestaban en diversas formas de trastornos mentales y en la quiebra de facultades humanas básicas como la esperanza, la confianza y la voluntad de vivir. Cuando examinamos de cerca los impactos psicológicos, ampliamos nuestra comprensión de la trata de esclavos y apreciamos mejor el inmenso sufrimiento humano que a menudo queda eclipsado por el maltrato físico que se infligía a los esclavizados.

El siglo XIX vio surgir un nuevo día para los sometidos a la esclavitud. La abolición dejó de ser un pensamiento caprichoso entre intelectuales. En cambio, se convirtió en una fuerza social en movimiento y la posibilidad de la emancipación de todos los esclavos se debatió abiertamente en la sociedad en general.

---

[64] National Humanities Center. (2023, 25 de septiembre). *Suicide among Slaves: A 'Very Last Resort'*. Extraído de Nationalhumanitiesenter.org:
https://nationalhumanitiescenter.org/pds/maai/emancipation/text2/suicide.pdf

Capítulo 8: Movimientos de abolición: La lucha por la libertad y la igualdad

El movimiento abolicionista, que pretendía desmantelar definitivamente la institución de la esclavitud, fue uno de los movimientos sociales y políticos más influyentes de la historia de la civilización occidental. No se produjo de la noche a la mañana; fue una lucha prolongada, llena de oposición y desafíos. Sin embargo, las bases ideológicas que movilizaron inicialmente a los abolicionistas estaban fundamentalmente arraigadas en imperativos morales, ideales de la Ilustración y convicciones teológicas. Sus debates eran mucho más que sermones dominicales.

Argumentos ideológicos

El fermento intelectual de la Ilustración proporcionó un terreno fértil para el cuestionamiento de las instituciones tradicionales, incluida la esclavitud. El concepto de igualdad de John Locke y la explicación del contrato social de Jean-Jacques Rousseau proporcionaron munición intelectual y filosófica a la causa abolicionista, aunque algunas de las figuras clave, como John Locke, tuvieran puntos de vista complicados o contrajeran sus opiniones sobre la institución.

Montesquieu utilizó la sátira en su obra *El espíritu de las leyes* para socavar la institución de la esclavitud. Cuestionó la idea de la esclavitud natural y expuso los argumentos de los defensores de la esclavitud como brutales, orgullosos y absurdos[65].

Voltaire fue otro pensador de la Ilustración que se pronunció contra la trata de esclavos. Su *Diccionario filosófico* criticó duramente a los europeos y a los reinos africanos implicados en la trata de esclavos.

Adam Smith sostenía que la esclavitud no solo era moralmente incorrecta, sino también económicamente ineficaz. *La Riqueza de las Naciones* proponía que el trabajo libre era más productivo y que la esclavitud era una violación de los principios del libre mercado.

La obra de Guillaume Thomas Raynal *A Philosophical and Political History of the Settlements and Trade of the Europeans in the East and West Indies* (*Historia filosófica y política de los asentamientos y el comercio de los europeos en las Indias Orientales y Occidentales*), publicada en 1776, fue una obra en varios volúmenes que se considera uno de los textos fundamentales del abolicionismo en Europa occidental. Raynal no trató de escatimar los sentimientos de nadie al atacar la institución de la esclavitud. En su libro *El exilio*, Raynal fue al meollo de la cuestión con palabras tan contundentes como las siguientes:

«Esta insaciable sed de oro ha conducido al más infame, al más terrible de todos los oficios, el de los esclavos. Hablamos de crímenes contra la naturaleza, y no menciona este como el más execrable. La mayoría de las naciones de Europa están contaminadas, y un vivo interés ahoga en su corazón todos los sentimientos que debemos a la semejanza»[66].

Los filósofos de la Ilustración defendían el poder de la razón y el valor del individuo. Su aplicación del racionalismo y el humanismo a la cuestión de la esclavitud llevó naturalmente a cuestionar las justificaciones morales y lógicas del comercio de esclavos.

---

[65] Schaub, D. (1990, otoño). *Race and the Constitution.* Extraído de National Affairs: https://www.nationalaffairs.com/public_interest/detail/race-and-the-constitution.

[66] Experience France. (2023, 30 de septiembre). *The Abbot Raynal, A True Inspiration to the French and American Revolutions.* Extraído de Experiencecemyfrance.com: https://experiencemyfrance.com/new-blog/the-abbot-raynal-a-true-inspiration-to-the-french-and-american-revolutions.

Moral y teología

La razón planteaba argumentos intelectuales contra la institución de la esclavitud. Los argumentos morales, sin embargo, eran quizá más directos y postulaban que la propia institución era una afrenta a la dignidad humana básica y a los principios éticos. Los seres humanos tienen un valor inherente y no deben ser tratados como una propiedad que se vende, se compra o se explota. Este argumento se basaba en la ética universal propugnada por las enseñanzas religiosas y espirituales.

Hubo grupos y confesiones religiosas que asumieron un papel activo en el movimiento abolicionista, algunos de los cuales lo hicieron muy pronto. Los cuáqueros fueron uno de los primeros grupos religiosos en dudar de la esclavitud, afirmando que era incompatible con las enseñanzas cristianas sobre la igualdad y la santidad de todos los seres humanos.

John Wesley, el fundador de la Iglesia metodista, escribió un panfleto titulado «Pensamientos sobre la esclavitud» en 1774 que sirvió como acusación moral y religiosa de la institución. Wesley no se anduvo con rodeos en su ataque a la esclavitud humana:

> «La esclavitud implica una obligación de servicio perpetuo, una obligación que solo el consentimiento del amo puede disolver. Tampoco en algunos países puede disolverla el propio amo, sin el consentimiento de los jueces designados por la ley. Por lo general, otorga al amo un poder arbitrario sobre cualquier corrección que no afecte a la vida o a la integridad física. A veces incluso estas están expuestas a su voluntad, o protegidas solo por una multa, o algún castigo leve, demasiado insignificante para refrenar a un amo de temperamento duro. Crea una incapacidad de adquirir cualquier cosa, excepto en beneficio del amo. Permite al amo enajenarlos, del mismo modo que a sus vacas y caballos. Por último, desciende en toda su extensión de padres a hijos, incluso hasta la última generación»[67].

---

[67] Msa.maryland.gov. (2023, 30 de septiembre). *Thoughts upon Slavery*. Extraído de Msa.maryland.gov:
https://msa.maryland.gov/megafile/msa/speccol/sc5300/sc5339/000091/000000/000001/restricted/2002_09_10/wesley/thoughtsuponslavery.html.

Su panfleto detalla los abusos y sufrimientos que formaban parte del negocio de la trata de esclavos en el Atlántico.

Los primeros héroes

La gente hizo algo más que discutir los abusos de la esclavitud en salones y cafeterías. Algunos fueron lo suficientemente audaces como para salir a la luz y criticar públicamente el comercio de esclavos y a quienes estaban implicados en él. Se arriesgaron a la ira y la venganza de algunas personas increíblemente poderosas. Hacía falta valor para ser abolicionista.

Granville Sharp fue uno de los primeros defensores de la abolición y realizó una campaña incansable para proporcionar casos legales contra la institución de la esclavitud y crear precedentes para los desafíos legales. Olaudah Equiano, otro abolicionista que fue esclavo, relata de primera mano los horrores del Pasaje del medio y de la esclavitud en su autobiografía, *La interesante narración de la vida de Olaudah Equiano*. William Wilberforce, miembro del Parlamento británico, comenzó su campaña para acabar con la esclavitud en el siglo XVIII. Se aseguró de que los altos y poderosos de la política británica tomaran conciencia de la indignidad y la injusticia de la trata de esclavos en el Atlántico.

Finalmente, los salones del Parlamento británico dejaron de ser un refugio seguro para los propietarios de esclavos y sus amigos. La opinión pública exigía que el gobierno británico prestara atención a lo que ocurría en las colonias. Las revoluciones estadounidense y francesa ayudaron a poner de relieve las ideas de libertad e igualdad humana fundamental. El comercio atlántico de esclavos se estaba volviendo inaceptable como vía de negocio.

Afrontar la gran mentira

La lucha por la libertad fue una lucha épica. La facción favorable a la esclavitud incluía a algunas de las personas más ricas de Gran Bretaña y Estados Unidos. Estas personas trabajaron tan duro para mantener el *statu quo* como lo hicieron los abolicionistas para acabar con el comercio atlántico de esclavos.

La esclavitud había sido, sin duda, un importante contribuyente a los beneficios derivados del Nuevo Mundo. Los propietarios de plantaciones y los comerciantes no dudaron en argumentar que la abolición paralizaría las economías que dependían de los bienes producidos por esclavos. La pseudociencia racial intentó categorizar las razas y presentar a los africanos como naturalmente inferiores y más aptos para las tareas laboriosas y el estatus de segunda clase. La justificación religiosa, utilizando interpretaciones bíblicas selectivas extraídas de las escrituras, se empleó para argumentar que la esclavitud estaba ordenada divinamente y que los africanos, los llamados descendientes de Cam, estaban condenados a ser siervos y privados de libertad debido a pecados cometidos en un pasado muy lejano.

El grupo de presión favorable a la esclavitud, tanto en el Parlamento británico como en el Congreso de Estados Unidos, tenía un poder considerable y aprovechó su riqueza y sus conexiones para mantener la institución. El bloque proesclavista estadounidense introdujo la ley mordaza, que prohibía el debate sobre la esclavitud en el Congreso. Varios compromisos, como el Compromiso de Missouri y el Compromiso de 1850, contribuyeron a mantener viva la esclavitud.

Los abolicionistas utilizaron varios medios para luchar contra estas fuerzas.

Los tribunales

Una de las primeras victorias abolicionistas fue el caso *Somerset contra Stewart*. En 1772, William Murray, lord Mansfield y presidente del tribunal, dictaminó que un esclavo llamado James Somerset no podía ser transportado a la fuerza fuera de Inglaterra. Además, el *habeas corpus* era un derecho disponible en Inglaterra, incluso para los esclavos. Esto provocó una conmoción en los territorios británicos[68].

La victoria de Somerset en los tribunales demostró que los abolicionistas podían hacer algo más que soltar perogrulladas sobre la libertad o predicar sermones. Podían ganar ante un juez y en el tribunal de la opinión pública. Los abolicionistas utilizarían el sistema judicial tan a menudo como fuera posible para hacer avanzar la causa de la libertad.

- La decisión *Zong* (1783)

Algunos de estos casos judiciales nos escandalizan hoy porque nos permiten vislumbrar la barbarie del sistema esclavista. En aquella época se daba por sentado que los esclavos no eran realmente personas, sino bienes muebles que se podían comprar, vender y utilizar. El caso *Zong* es especialmente aterrador.

---

[68] History and Collections. (2023, 30 de septiembre). *The Somerset vs Stewart Case*. Extraído de English Heritage: https://www.english-heritage.org.uk/visit/places/kenwood/history-stories-kenwood/somerset-case/.

El *Zong* era un barco negrero que subió a bordo a personas esclavizadas a finales de 1781. Su capitán, Luke Collingwood, era inexperto y nunca antes había comandado un barco negrero. Supervisaría una atrocidad en el océano.

El *Zong* partió de la isla de San Cristobal con una bodega llena de esclavos destinados al mercado jamaicano. La tripulación descubrió que los barriles de agua tenían fugas y que las reservas de agua se estaban agotando. Un error de navegación desvió el rumbo del barco y el *Zong* quedó encallado frente a la costa suroeste de Jamaica. No estaba ni cerca de su destino, Kingston. Ante la perspectiva de quedarse sin agua y la posibilidad de una insurrección de esclavos, el capitán y la tripulación tomaron una decisión espantosa.

Decidieron asesinar a algunos de los esclavos. El 29 de noviembre de 1781, mataron a 54 esclavizados y arrojaron sus cuerpos por la borda. El 1 de diciembre, veintiséis más fueron asesinados y arrojados por la borda. Diez esclavos se suicidaron. El *Zong* llegó finalmente a puerto el 22 de diciembre de 1781, y vendió al resto de los esclavizados que aún vivían. El barco fue rebautizado como *Richard of Jamaica* y regresó a Inglaterra el 26 de octubre de 1782. Los acontecimientos se volvieron entonces aún más grotescos.

El sindicato Gregson era el propietario del barco, y los dueños presentaron una reclamación al seguro para cubrir la pérdida de los esclavos asesinados a razón de unas 30 libras esterlinas por víctima. La reclamación se basaba en el contrato de seguro del barco, que cubría las muertes de esclavos debidas a los peligros de navegar en alta mar. La compañía de seguros impugnó la reclamación y el caso llegó al Tribunal de King's Bench de Londres el 22 de mayo de 1783. El juez que presidía el tribunal, lord Mansfield, hizo un comentario espantoso sobre este caso:

> «No tenía ninguna duda (aunque a uno le choca mucho) de que el caso de los esclavos era el mismo que si se hubieran arrojado Caballos por la borda... La pregunta era, ¿no había una necesidad absoluta de arrojarlos por la borda para salvar al resto? El jurado opinó que sí la había»[69].

---

[69] Burnard, T. (2023, 30 de septiembre). *A New Look at the Zong Case of 1783*. Extraído de OpenEdition Journals:
https://journals.openedition.org/1718/1808#:~:text=The%20murder%20of%20132%20African,hi

Creía que la compañía de seguros tenía que pagar por los esclavos muertos, «igual que si se mataran caballos», pero que los aseguradores no tenían que pagar por los esclavos que murieran de forma natural, igual que «no hay que pagar por los caballos que mueren de muerte natural»[70]. Los tribunales accedieron a la petición de ayuda financiera de los propietarios. Se les concedieron 3.660 libras.

El veredicto fue apelado. Se ordenó un nuevo juicio, aunque nunca llegó a celebrarse. Al final, los propietarios no recibieron ni un céntimo.

Todo esto suena terrible, pero el lector moderno tiene que comprender la dinámica de la gestión de riesgos durante la trata de esclavos en el Atlántico. Los traficantes de esclavos aseguraban habitualmente su cargamento. Si el barco simplemente se hundía en una tormenta, la reclamación del seguro por el valor de los esclavos perdidos en la tormenta habría sido pagada. La única restricción era que la muerte tenía que producirse por los peligros del mar. No habría cobertura para la muerte por enfermedad o insurrección. Se calcula que el comercio de esclavos antillanos representó casi el 40 % de la prima del seguro de carga en el mercado de seguros londinense de finales del siglo XVIII.

Los propietarios podrían haber ganado un caso en un tribunal de justicia, pero perdieron en el tribunal de la opinión pública. Granville Sharp intentó sin éxito que la tripulación del barco fuera procesada por asesinato. No obstante, la historia de la masacre enfureció a la opinión pública británica e impulsó las campañas contra la esclavitud[71].

- El caso *Amistad* (1841)

En febrero de 1839, cazadores de esclavos portugueses secuestraron a africanos de la actual Sierra Leona (que se creó como refugio para antiguos esclavos) y los enviaron a Cuba. La importación de personas esclavizadas había sido abolida por España, pero eso no detuvo el comercio transatlántico ilegal de esclavos. La Habana era a menudo el puerto de escala de este comercio ilegal.

---

story%20of%20eighteenth%2Dcentury%20abolitionism.

[70] Burnard, T. (2023, 30 de septiembre). *A New Look at the Zong Case of 1783*.

[71] The Guardian. (2023, 30 de septiembre). *The Story of the Zong Slave Ship: A Mass Murder Masquerading as an Insurance Claim*. Extraído de theguardian.com:
https://www.theguardian.com/law/2021/jan/19/the-story-of-the-zong-slave-ship-a-mass-masquerading-as-an-insurance-claim.

Se vendieron 53 miembros del grupo secuestrado a propietarios de plantaciones españoles, y los esclavos fueron colocados a bordo de un barco llamado *Amistad* para viajar a las plantaciones españolas en Cuba.

A mitad del viaje se produjo una insurrección de esclavos en la que murieron el capitán y el cocinero del barco. Los africanos ordenaron a la tripulación restante que los llevara de vuelta a África, pero la tripulación cambió de rumbo en secreto por la noche. En su lugar, la *Amistad* navegó por la costa este de Estados Unidos. El 26 de agosto de 1839, el barco fue apresado frente a la punta de Long Island.

Los africanos fueron encarcelados bajo la acusación de asesinato y piratería, pero esos cargos criminales fueron retirados. Se dejó que el tribunal definiera el estatus legal de estos rebeldes y decidiera las reclamaciones de propiedad que hacían el gobierno español y los propietarios de las plantaciones. Los abolicionistas recaudaron dinero para la defensa legal de los africanos, y el argumento de la defensa era que estas personas habían sido capturadas ilegalmente e importadas como trabajadores esclavizados. El gobierno de Estados Unidos quería enviar a los africanos a Cuba para evitar problemas con España y argumentó en contra de los secuestrados.

El Tribunal de Distrito estadounidense de Hartford dictaminó en enero de 1840 que los africanos no eran esclavos españoles y debían ser devueltos a sus hogares. La decisión fue apelada ante el Tribunal de Circuito, que confirmó la decisión del tribunal de distrito. Se presentó una última apelación ante el Tribunal Supremo de los Estados Unidos, que conoció del caso a principios de 1841.

El expresidente de Estados Unidos y congresista John Quincy Adams fue llamado por la defensa para defender el caso de los esclavizados. Adams era un firme abolicionista y había logrado eliminar la ley mordaza que prohibía el debate sobre la esclavitud en el Congreso.

Adams fue feroz en su defensa. Declaró que los africanos a bordo del *Amistad* tenían derecho a luchar por su libertad e invocó la Declaración de Independencia con estas conmovedoras palabras:

> «En el momento en que se llega a la Declaración de Independencia, que todo hombre tiene derecho a la vida y a la libertad, un derecho inalienable, este caso está decidido... No pido nada más en nombre de estos hombres desafortunados, que esta Declaración».

El Tribunal Supremo falló siete a uno a favor de las decisiones de los tribunales inferiores. Los abolicionistas recaudaron el dinero necesario para devolver a los supervivientes a África.[72]

- Dred Scott (1857)

El último caso importante del movimiento abolicionista que estudiaremos tuvo lugar en 1857. Un hombre esclavizado llamado Dred Scott demandó su libertad, alegando que su residencia en territorios libres debería haberlo hecho libre. El caso llegó al Tribunal Supremo y la decisión fue que los esclavos no eran ciudadanos, lo que significaba que no podían demandar al tribunal federal. Además, el Tribunal Supremo declaró que el Congreso no tenía poder para prohibir la esclavitud en los territorios estadounidenses.

Esta decisión electrizó el movimiento abolicionista y animó a la gente a ignorar la Ley del Esclavo Fugitivo, ayudando a los esclavos a encontrar su libertad en el norte. El Ferrocarril subterráneo, una red de hogares y granjas abolicionistas donde los esclavos encontraban refugio mientras escapaban y encontraban un nuevo hogar y una nueva vida en el norte, fue un eslabón vital de la desobediencia civil. Los abolicionistas que participaban en ella se arriesgaban a perder sus propiedades y a ser encarcelados por ignorar la ley. La decisión Dred Scott fue también uno de los acontecimientos que empujaron al país hacia la guerra de Secesión estadounidense.

Estos casos legales hicieron algo más que interpretar la ley. Moldearon el sentimiento público, impulsaron agendas legislativas y, en algunos casos, causaron importantes trastornos sociales. Los esfuerzos por relegar el movimiento abolicionista a un segundo plano fracasaron. El sentimiento público siguió creciendo contra la esclavitud, y los medios de comunicación contribuyeron decisivamente a avivar las llamas.

Guerra mediática contra la trata de esclavos en el Atlántico

Los medios de comunicación a finales de los siglos XVIII y XIX consistían en libros, periódicos y panfletos. Hubo un gran esfuerzo por hacer correr la voz y votar a candidatos que apoyaran la causa.

---

[72] History.com. (2023, 27 de junio). *Amistad Case*. Extraído de History.com: https://www.history.com/topics/slavery/amistad-case.

Las narrativas de los oprimidos

Los defensores de la esclavitud trataron de deshumanizar a las víctimas de la trata atlántica. Para contrarrestar esta insidiosa desinformación, se publicaron relatos de esclavos. Eran los relatos de antiguos esclavos que hablaban abiertamente de los abusos y la criminalidad de la esclavitud en América.

Las narraciones de los esclavos subrayaban la humanidad, el intelecto y las emociones de las personas esclavizadas. Sus relatos detallados de la vida cotidiana, los castigos, las separaciones familiares, así como el tormento físico y psicológico, ofrecieron a los demás una mirada a las duras realidades de la esclavitud que a menudo se ocultaban o minimizaban. Sus experiencias se expusieron sin tapujos.

Estas historias eran discusiones francas sobre la institución de la esclavitud y cómo afectaba a la sociedad. La codicia económica inherente a la esclavitud quedó al descubierto ante el público. Las narraciones fueron también un puente emocional que fomentó la empatía e inspiró a muchos a apoyar la abolición. Hubo muchas narraciones sobre la esclavitud, pero destacan unas pocas.

- *La interesante narración de la vida de Olaudah Equiano* (1789)

Olaudah Equiano fue un antiguo esclavo que fue secuestrado de su hogar en África y llevado a América. Finalmente compró su libertad y escribió los recuerdos de su vida. Su autobiografía ofrece detalles inquietantes sobre el Pasaje del medio y lo que los esclavos tuvieron que soportar solo para llegar con vida al mercado de esclavos. El estilo de escritura de Olaudah Equiano es elegante, pero las palabras que escribió describen una vida de trabajo constante para gente a la que no le importaba si un esclavo vivía o moría. Si algún lector tenía ilusiones sobre la esclavitud cuando abrió el libro, esas fantasías se esfumaron antes del último capítulo. Equiano pintó el cuadro de una vida carente de esperanza y llena de desesperación.

- *Narrativa de la vida de Frederick Douglass, un esclavo estadounidense* (1845)

Frederick Douglass fue uno de los más grandes oradores estadounidenses de mediados del siglo XIX. Su elocuencia podía mantener hechizada a una multitud y su mensaje era poderoso. Los escritos de Douglass eran igualmente hipnotizadores. Su autobiografía narraba la historia de su vida en la esclavitud. El libro también desafiaba a la sociedad estadounidense. Criticó sus puntos de vista sobre la justicia y la distribución de la esclavitud. La publicación del libro fue un momento decisivo para el movimiento abolicionista.

- *Incidentes en la vida de una esclava* (1861)

Harriet Jacobs, utilizando el seudónimo de Linda Brent, escribió una narración que hablaba de las penurias específicas y la explotación sexual a las que se enfrentaban las mujeres en la esclavitud. Su relato de las luchas por la libertad, especialmente de sus hijos, aportó una perspectiva que faltaba en las narraciones masculinas.

Estas narraciones eran algo más que meros relatos autobiográficos. Eran llamamientos a la reforma y desafiaban a la sociedad de ambos lados del Atlántico al enfrentarse a las sombrías realidades del comercio atlántico de esclavos. Al dar voz a los que no la tenían, las narraciones de esclavos lograron movilizar a la opinión pública contra la esclavitud.

El poder de la prensa

En el siglo XIX se produjo un aumento de la alfabetización, y los periódicos desempeñaron un papel fundamental en la formación de la opinión y el discurso públicos. La prensa amplificó la voz de los esclavizados, informó sobre las actividades antiesclavistas y sirvió de nexo para el pensamiento abolicionista. Varios periódicos destacaron sobre el resto.

- *The Liberator* (1831-1865)

  William Lloyd Garrison era el editor de *The Liberator* y arriesgó su vida para hacer llegar al público la historia abolicionista. Su inquebrantable postura a favor de la emancipación inmediata de los esclavos marcó el tono del periódico. Los editoriales de Garrison argumentaban contra la esclavitud y llamaban a la acción radical.

- *The North Star* (1847-1851)

  Este periódico fue la creación de Frederick Douglass. Llevaba el nombre de la estrella guía que guiaba a los esclavos fugitivos hacia el norte. Douglass utilizó esta publicación como plataforma para su oratoria y sus escritos. *The North Star* fue más allá de la emancipación. También fue un defensor de los derechos de la mujer y de otras reformas sociales.

- El *National Anti-Slavery Standard* (1840-1870)

  El *National Anti-Slavery Standard* fue el periódico oficial de la Sociedad Antiesclavista Estadounidense y llegó a un amplio público. A lo largo de su vida, este periódico hizo la crónica de los principales acontecimientos del movimiento abolicionista, incluida la guerra de Secesión estadounidense, y dio una voz firme al abolicionismo.

Las páginas de estos periódicos sacaron a la luz las brutales realidades de la esclavitud, desafiaron las normas sociales y forjaron un sentimiento de comunidad entre los abolicionistas. Los medios de comunicación fueron armas de justicia que condujeron a una importante legislación que acabó con la esclavitud.

Legislación sobre la libertad

Fue un proceso gradual, pero el movimiento abolicionista pasó de los medios de comunicación y los tribunales a los órganos de gobierno de Gran Bretaña y Estados Unidos. El éxito legislativo final fue el resultado de los incansables esfuerzos de los defensores que se negaron a dejarse gritar, ridiculizar o amenazar.

William Wilberforce fue una potencia de la libertad en el Parlamento británico. Abogó por la abolición de la esclavitud mucho antes de que estuviera de moda hacerlo.

La Ley de Comercio de Esclavos de 1807

A pesar de que los proyectos de ley de abolición fracasaban habitualmente, el movimiento abolicionista no se dejó intimidar. Una campaña de peticiones preparó el terreno para el proyecto de ley de Abolición de la Trata de Esclavos en el Extranjero de 1806. El proyecto de ley pretendía impedir que los comerciantes británicos importaran esclavos a territorios pertenecientes a países extranjeros. Wilberforce y sus aliados en el Parlamento hicieron muy pocos comentarios al respecto como maniobra para conseguir que el proyecto de ley fuera aprobado por sus oponentes, y el proyecto fue presentado al Parlamento el 2 de enero de 1807, en la Cámara de los Lores. Fue defendida por el primer ministro británico, lord Grenville.

El proyecto de ley fue a la Cámara de los Comunes el 10 de febrero de 1807, y fue aprobado por 283 votos a favor y 16 en contra. La Ley sobre el Comercio de Esclavos recibió el asentimiento real el 25 de marzo de 1807. El comercio británico de esclavos que afectaba a las Indias Occidentales, las Américas y África Occidental quedó formalmente abolido. Tras años de abogar por lo que algunos creían una causa perdida, William Wilberforce consiguió su victoria y recibió una gran ovación[73].

Estados Unidos siguió su ejemplo el 1 de enero de 1808. La legislación federal ilegalizó la introducción en Estados Unidos de personas capturadas en África, aunque todavía hubo casos en los que se introdujeron esclavos en Estados Unidos.

Aunque se prohibió el envío transatlántico de esclavos, eso no significó el fin de la institución. Los británicos tenían que superar un obstáculo más.

Ley de Abolición de Esclavos de 1833

Las revueltas de esclavos en Jamaica contribuyeron a impulsar la acción final para erradicar la esclavitud en el Imperio británico. La Ley de Abolición de Esclavos de 1833 recibió el asentimiento real el 28 de agosto de 1833. La ley constaba de dos partes principales.

1. La emancipación de todos los esclavos en todo el Imperio británico, excepto en los territorios en poder de la Compañía Británica de las Indias Orientales: Ceilán y Santa Elena.
2. Los propietarios de esclavos fueron indemnizados por la pérdida de sus esclavos. El gobierno pidió préstamos para pagar la indemnización.

El impacto fue que 800.000 esclavos africanos del Caribe, Canadá y África fueron liberados. El papel de Gran Bretaña como comerciante de esclavos y propietaria de esclavos había terminado oficialmente[74]. Wilberforce murió tres días después de que le comunicaran que el Parlamento había aprobado la Ley de Abolición de Esclavos de 1833.

Estados Unidos tardó más en adoptar una legislación para acabar con la esclavitud, pero el país acabó poniendo en marcha leyes que acabaron con la institución.

---

[73] Parlamento del Reino Unido. (2023, 30 de septiembre). *Parliament Abolishes the Slave Trade*. Extraído de Parliament.uk: https://www.parliament.uk/about/living-heritage/transformingsociety/tradeindustry/slavetrade/overview/parliament-abolishes-the-slave-trade/.

[74] The History Press. (2023, 30 de septiembre). *The Slavery Abolition Act of 1833*. Extraído de Thehistorypress.co.uk: https://www.thehistorypress.co.uk/articles/the-slavery-abolition-act-of-1833/.

Ordenanza del Noroeste de 1787

La Ordenanza del Noroeste fue el primer esfuerzo de la nueva nación para acabar con la esclavitud. No era una ley, pero prohibía la esclavitud en el Territorio del Noroeste y creaba un precedente para limitar la expansión de la esclavitud.

No fue tanto la existencia de la esclavitud como su expansión en Estados Unidos lo que causó una considerable agitación. En la primera mitad del siglo XIX, la esclavitud en el sur era una institución arraigada, pero mucha gente en el norte no quería que la esclavitud siguiera expandiéndose por la nación. Si había más estados esclavistas que libres, el equilibrio de poder se descontrolaría rápidamente.

Estados Unidos puso en marcha una serie de compromisos que no resolvieron el problema. Legislación como la Ley del Esclavo Fugitivo solo empeoró las cosas. Al final, la única forma de decidir el asunto era mediante la agresión. La guerra civil estadounidense comenzó en 1861, lo que condujo a una acción significativa en relación con la esclavitud.

La Proclamación de Emancipación (1863)

Se ha argumentado que a Abraham Lincoln le importaba más preservar la Unión que romper los lazos que mantenían a las personas esclavizadas. Lincoln demostró ser un político astuto y esperó una oportunidad, una victoria de la Unión, para impulsar la libertad de los que estaban sometidos a esclavitud.

La Proclamación de Emancipación, emitida el 1 de enero de 1863, declaró la libertad de los esclavos retenidos en territorio confederado. No hizo nada por los esclavos retenidos en los estados fronterizos. A pesar de todo, la Proclamación de la Emancipación convirtió la abolición en política gubernamental y demostró que la guerra tendría como resultado la libertad de los esclavizados. Su emisión también convenció a Gran Bretaña para que no prestara una ayuda relevante a la Confederación.

La Decimotercera Enmienda (1865)

La película *Lincoln* cuenta la historia de cómo Abraham Lincoln maniobró para conseguir la aprobación de la Decimotercera Enmienda. Fue una obra maestra del cabildeo y demuestra las habilidades políticas del decimosexto presidente de Estados Unidos.

La Decimotercera Enmienda supuso el fin formal y legal de la esclavitud en Estados Unidos. Liberó a millones de personas y alteró el tejido social de Estados Unidos para mejor. La Reconstrucción, que siguió a la guerra de Secesión, condujo a algunas decisiones atroces, como las leyes Jim Crow, cuyo impacto aún puede sentirse hoy en día.

En resumen

Hubo algunos que se resistieron, pero la marea había cambiado irrevocablemente en contra de esclavizar a las personas. Dinamarca fue la primera en acabar con el comercio de esclavos, aprobando una ley en 1792 que decretaba su fin en 1803. Haití fue el primer país occidental que puso fin a la institución de la esclavitud, haciéndolo en el momento de su concepción en 1804. La esclavitud en Cuba fue abolida en 1886. El último país del hemisferio occidental que puso fin a la esclavitud, Brasil, lo hizo el 13 de mayo de 1888.

Tras cientos de años de promover la opresión y el abuso, la trata de esclavos en el Atlántico había terminado oficialmente.

Capítulo 9: El legado de la trata atlántica de esclavos

El comercio atlántico de esclavos fue un negocio nefasto que creó la diáspora africana y redibujó los contornos demográficos, culturales y económicos de los continentes. Y, por supuesto, tuvo muchas repercusiones; los legados perdurables de este comercio son culturales y económicos, y aún pueden sentirse hoy en día.

El concepto de raza

El significado del color de la piel de una persona no siempre tuvo las mismas connotaciones que hoy en día. En la Europa medieval había africanos de color y no era habitual que se hicieran comentarios negativos sobre su aspecto. El comercio atlántico de esclavos cambió esa opinión neutral cuando creció la demanda de mano de obra forzada en las Américas. Había menos indígenas a los que forzar a la servidumbre y el uso de sirvientes blancos contratados se hizo menos atractivo. Los negros africanos pasaron a ser deseados como reserva de mano de obra forzada. La gente utilizaba el color de la piel y la raza de una persona, así como las normas culturales y sociales, para justificar este razonamiento. Para la mayoría, se convirtió en algo natural asumir que los africanos eran naturalmente inferiores[75]. Por desgracia, ese concepto sigue prevaleciendo entre algunos círculos, incluso en la actualidad.

---

[75] Pbs.org. (2023, 30 de septiembre). *Race: The Power of an Illusion*. Extraído de Pbs.org: https://www.pbs.org/race/000_About/002_04-background-02-03.htm.

Inferioridad en África Occidental

El comercio atlántico de esclavos hizo que los seres humanos fueran considerados mercancías, productos que podían comprarse y venderse. La esclavitud existía en África Occidental antes de que llegaran los europeos, pero en muchos lugares era más bien una forma de servidumbre. El comercio internacional de esclavos fomentó un entorno en el que los líderes podían enriquecerse aún más, atacando a sus vecinos y asegurándose prisioneros de guerra para su futura venta.

Había estados en África Occidental especializados en el comercio de esclavos y regiones en el interior donde se realizaban incursiones. Esto ha provocado tensiones en los Estados africanos modernos. La gente recuerda a los que fueron comerciantes de esclavos. Hay comunidades de África Occidental en las que se prohíbe a sus miembros casarse con alguien que descienda de un comerciante de esclavos.

Benín es un país en el que el presente sigue atormentado por el pasado. Existen divisiones internas que tienen sus raíces en el comercio de esclavos. En las elecciones presidenciales de 2016, un candidato señaló en un debate televisado que su oponente era descendiente de comerciantes de esclavos. Para algunas naciones, es casi imposible erradicar los recuerdos del comercio de esclavos[76].

Jerarquías criollas

No se pudo evitar el mestizaje entre negros y blancos en América. De estas asociaciones surgió la clase social criolla. Algunos criollos podían identificarse como blancos o negros. Un criollo podía ser de piel clara, morena u oscura y disfrutar de cierto grado de privilegio debido a su percibida blancura. La criollización ha dado lugar a identidades culturales diferenciadas que oponen las identidades puramente africanas a las criollas[77].

---

[76] Sief, K. (2018, 29 de enero). *An African Country Reckons with Its History of Selling Slaves.* Extraído de Washington Post.com: https://www.washingtonpost.com/world/africa/an-african-country-reckons-with-its-history-of-selling-slaves/2018/01/29/5234f5aa-ff9a-11e7-86b9-8908743c79dd_story.html.

[77] Wiltz, A. (2023, 19 de abril). *Are Creole People a Privileged or Oppressed, or Somewhere in Between?* Extraído de Medium.com: https://medium.com/louisiana-creoles/are-creole-people-a-privileged-or-oppressed-or-somewhere-in-between-2f352a9882e.

Cultura

Entre doce y veinte millones de africanos se vieron obligados a abandonar sus hogares, lo que creó desequilibrios demográficos que exacerbaron el ambiente sociopolítico en África Occidental. La diáspora alejó a la gente de sus culturas y los obligó a establecer una nueva identidad cultural propia en el Nuevo Mundo.

Algunos ejemplos son la samba y la *bossa nova* en Brasil, que entrelazan el ritmo y la danza africanos. El jazz afrocubano y el son cubano son elementos básicos de la cultura cubana, que encarnan patrones rítmicos africanos entretejidos con elementos musicales europeos. La rumba y la salsa tienen ambas sus raíces en las tradiciones de danza africanas. El *reggae* y el calipso de las Antillas muestran también tradiciones musicales africanas.

La religión también se ha visto influida por los lazos de África Occidental. El candomblé y la umbanda son ejemplos de creencias espirituales africanas que se entremezclaron con la espiritualidad católica e indígena. La santería cubana y el vudú haitiano son también ejemplos de creencias religiosas africanas que se mezclaron con el catolicismo y las creencias indígenas. Las creencias y costumbres de África Occidental no se quedaron en los barcos negreros; viajaron a América y se entremezclaron con creencias e ideas ya existentes.

El panorama cultural del Caribe, en particular, tiene profundas influencias africanas. Se trata de un legado vivo que no solo da fe de una narración histórica de resistencia y creatividad frente a la esclavitud, sino que también contribuye significativamente al diálogo global. Existe un vibrante tapiz cultural en las Américas que sigue reverberando.

Lamentablemente, aún quedan vestigios de la trata atlántica en la sociedad actual. Es cierto que todos los protagonistas de la trata atlántica están muertos, pero algunos de sus legados perduran. Es necesario remendar y sanar para que las sociedades de ambos lados del Atlántico puedan prosperar en el futuro.

La cuestión de las reparaciones

El tema de las reparaciones se ha debatido en los últimos años como medio de corregir las injusticias cometidas años atrás. Las reparaciones se discuten a menudo en términos de sumas de dinero que deben pagarse a los descendientes de las personas esclavizadas. Se trata de un asunto divisivo que ha suscitado fuertes opiniones en ambos bandos. Sin embargo, hay formas de que los cambios y las reformas pongan fin a un periodo horrendo de la historia mundial. Vamos a hablar de algunas para hacernos una idea de lo que se ha discutido en el pasado.

Acabar con *Obroni W'awu*

Obroni w'awu es una frase akan que significa «ropa de hombre blanco muerto». La ropa de segunda mano que suele encontrarse en las tiendas Goodwill se exporta a Ghana, donde se vende en el mercado de Kantamanto. Ghana es uno de los mayores mercados de ropa de segunda mano del mundo, y la mayor parte de esta mercancía procede de Gran Bretaña.

El problema al que se enfrenta Ghana es que casi el 40 % de la ropa usada se pudre en los vertederos. Se desechan unas cincuenta toneladas al día, que a veces se vierten en las playas, creando un enorme problema medioambiental. Los principales culpables son los grandes actores de la industria de la moda rápida. Ghana se ha convertido en un país de elección para la industria de la gestión de residuos.

Las consecuencias están dañando no solo el medioambiente, sino también las industrias textiles de África Occidental. Entre las soluciones sencillas figuran la prohibición de exportar ropa con material sintético y la devolución de los contenedores llenos de textiles de poco valor. Estas restricciones pueden impedir que Ghana se convierta en un vertedero.

La industria de la moda también puede ayudar. Las empresas podrían construir fábricas de ropa en África Occidental para la confección de prendas de vestir y calzado. Si estas empresas pueden utilizar Bangladesh como centro de fabricación de prendas de vestir, podrán construir fácilmente fábricas en Accra o Porto-Novo[78].

Renegociar los Acuerdos de Asociación Económica

La Unión Europea (UE) es el mayor socio comercial de África. Los países de la UE han utilizado los aranceles y las subvenciones agrícolas para que los productos europeos sean más baratos que las importaciones africanas, limitando la posibilidad de que los países africanos tengan acceso a los mercados europeos. Los Acuerdos de Asociación Económica (AAE) permiten a Europa acceder a los mercados africanos.

---

[78] Davies, B. (2020, 25 de febrero). *The Fast Fashion Trash Mountain*. Extraído de Dailymail.co.uk: https://www.dailymail.co.uk/news/article-8044313/Shocking-report-reveals-cheap-clothes-resold-end-rotting-Africa.html.

Sin embargo, las exportaciones europeas subvencionadas, como la leche, deprecian los precios y perjudican a los competidores nacionales africanos. Los AAE pueden renegociarse para que los precios europeos cobrados a los consumidores africanos no sean artificialmente más bajos debido a las subvenciones[79].

Devolver lo robado

Las obras de arte son una parte significativa del patrimonio cultural de un país, e importantes piezas de arte fueron saqueadas de África Occidental durante el Reparto de África, un periodo de tiempo en el que las naciones europeas se apresuraron a asegurar sus territorios africanos. Un ejemplo primordial son los bronces de Benín. Fueron saqueados de la ciudad de Benín, en la actual Nigeria, por soldados británicos que saquearon la ciudad. Estas esculturas residen hoy en el Museo Británico.

Varios museos, entre ellos el Instituto Smithsoniano y el Museo Metropolitano de Arte, decidieron devolver obras de arte robadas hace más de cien años. El acto es encomiable, pero muchas personas creen que aún queda mucho por hacer.

Todavía hay obras de arte africanas tomadas durante la época colonial que permanecen en museos y universidades europeas. Mucha gente cree que es necesario devolverlas a su lugar de origen. Esto podría provocar que otras obras de arte fueran devueltas a sus hogares, como que los mármoles de Elgin fueran enviados de vuelta a Grecia y que varias pinturas que fueron robadas de catedrales y universidades católicas fueran devueltas a su lugar de origen[80].

Fin del franco CFA

Varias naciones de África Occidental, incluidas las que se habían visto afectadas por la trata de esclavos, dependen del franco CFA como moneda. El acuerdo exige que un porcentaje de los activos de los países participantes se mantenga en bancos franceses.

---

[79] Buhari, M. (2022, 17 de febrero). *It's Time for a New Economic Deal between the EU and Africa*. Extraído de Politico.com: https://www.politico.eu/article/its-time-for-a-new-economic-deal-between-the-eu-and-africa/.

[80] Mohin, A. (2023, 5 de junio *Who Owns the Benin Bronzes? The Answer Just Got More Complicated*. Extraído de NYTimes.com: https://www.nytimes.com/2023/06/04/arts/design/benin-bronzes-nigeria-ownership.html.

Un problema de esta relación es que obstaculiza la competitividad de los productos africanos al actuar como un impuesto a las exportaciones y una subvención a las importaciones. Además, la financiación es más cara y los tipos de interés de los préstamos son excepcionalmente altos.

En opinión de muchos, el franco CFA ha dejado de ser útil. Una nueva moneda, el eco, animaría a nuevos inversores y resolvería algunos problemas que los países africanos experimentan con la antigua moneda[81].

Teléfonos móviles

Los teléfonos móviles son algo más que un medio para conectarse con los amigos en África Occidental. La posesión de teléfonos móviles es muy alta en el África subsahariana, y los tienen un impacto positivo en la educación, la economía y la comunicación. Se insta a los habitantes de Europa Occidental y Estados Unidos a que no se deshagan de sus teléfonos móviles, sino que los donen a África.

Empresas de telefonía móvil como T-Mobile y Apple podrían hacer más para erradicar los últimos vestigios de la trata de esclavos en el Atlántico regalando sus productos a los habitantes de África Occidental. Esto estimularía aún más el uso de los medios sociales y ayudaría a las pequeñas empresas de países que necesitan ayuda urgentemente.

Esas empresas podrían dar un paso más, construyendo centros de fabricación para producir teléfonos móviles y piezas de recambio. Los consumidores locales proporcionarían la demanda para que las operaciones sean rentables[82].

Otras iniciativas como los microcréditos y el apoyo a la creación de centros de educación histórica, como el que se está desarrollando en Barbados, son también formas de poner fin a lo que queda de la trata de esclavos en el Atlántico.

Estados Unidos

Aunque la trata atlántica de esclavos envió a menos de un millón de personas esclavizadas a lo que hoy es Estados Unidos, siguen existiendo

---

[81] Societe Generale. (2022, 12 de junio). *From The CFA Franc To The eco, A Reform for the Convergence of West African Economies*. Extraído de Societegenerale.com.
[82] Johnson, L. S. (2018, 9 de octubre). *Majorities in Sub-Saharan Africa Own Mobile Phones, But Smartphone Adoption Is Modest*. Extraído de Pew Research Center: https://www.pewresearch.org/global/2018/10/09/majorities-in-sub-saharan-africa-own-mobile-phones-but-smartphone-adoption-is-modest/.

problemas derivados de la esclavitud y de la época de Jim Crow. Los expertos en ciencias políticas creen que se pueden introducir algunos cambios para promover un mayor sentido de la justicia social. El sistema jurídico es donde pueden introducirse algunas reformas significativas.

Sentencia

Fredrik DeBoer es un profesor estadounidense que ha escrito sobre cuestiones de justicia social en Estados Unidos. En su reciente libro, *How Elites Ate the Social Justice Movement (Cómo las élites se comieron el movimiento por la justicia social)*, DeBoer señaló que la tasa de encarcelamiento de negros era de 1.1240 por cada 100.000 en 2021, una cifra significativamente superior a la de 261 por cada 100.000 de estadounidenses blancos. Las condenas penales provocaron la privación del derecho al voto del 6,2 % de los afroamericanos adultos en las elecciones de 2020, frente al 1,7 % de la población no negra[83].

La imposición de penas es una cuestión compleja. Es crucial asegurarse de que las minorías estén representadas en los jurados, pero es necesario analizar en profundidad las sentencias. Las sentencias por diversos delitos no están grabadas en piedra. Los delitos que antes eran graves pueden reexaminarse a la luz de los nuevos tiempos y reducirse a delitos menores. Para algunos delincuentes, unos periodos de libertad condicional más largos pueden ser mejores que pasar tiempo encarcelados en prisiones.

El encarcelamiento se alarga con las condenas múltiples. Por ejemplo, una persona que roba en una tienda y luego huye en un coche con las matrículas y el permiso de conducir caducados puede enfrentarse a condenas por el robo y por varias infracciones relacionadas con el automóvil. Las sentencias pueden añadir años al tiempo que una persona pasa en prisión. Una alternativa sería una pena de prisión no superior a la que permite el delito más grave cometido, lo que reduce el tiempo pasado en la cárcel y los impuestos utilizados para alojar y alimentar a esa persona. También permite que la persona regrese antes a la sociedad.

La cancelación de antecedentes penales es el medio por el que los antecedentes penales de una persona se borran después de un periodo de tiempo. Una persona cuyos antecedentes penales han sido

---

[83] DeBoer, F. (2023). *How Elites Ate The Social Justice Movement*. Nueva York, NY: Simon & Schuster.

cancelados puede solicitar un empleo, sabiendo que las infracciones pasadas no le impedirán obtener un empleo significativo. Los delitos graves pueden quedar excluidos de la cancelación debido a la gravedad del delito, pero la cancelación de los delitos menores podría ser mucho más fácil y menos costosa.

Educación

El Proyecto Baltimore informó recientemente de que veintitrés escuelas de Baltimore, Maryland, no tenían ni un solo alumno que hiciera matemáticas al nivel de su grado, según las pruebas estandarizadas. Solo el 7 % de los alumnos de tercero a octavo curso de las escuelas públicas de Baltimore obtuvieron buenos resultados en matemáticas.

La educación es fundamental en una economía impulsada por el conocimiento. Esas cifras sugieren que, independientemente de los esfuerzos que se hagan para mejorar el empleo, los solicitantes de empleo pertenecientes a minorías están condenados al fracaso. Hace falta algo más que mayores presupuestos escolares para cambiar eso[84].

Muchas empresas presumen de sus iniciativas de concientización sobre la diversidad. Eso es estupendo, pero algunos se preguntan si sería mejor que esas mismas empresas invirtieran en programas de lectura y matemáticas en el centro de las ciudades, donde viven muchas minorías. Animar a los empleados a convertirse en tutores de lectura o matemáticas contribuiría en gran medida a garantizar que esos estudiantes tengan éxito más adelante en la vida.

Centrarse en las cifras de empleo

Los activistas de la justicia social señalan los datos de la Oficina de Estadísticas Laborales para demostrar las desigualdades en el empleo. Eso está bien, pero existe una fuente de información mejor.

Los empleadores del sector privado con cien o más empleados y los contratistas federales con cincuenta o más empleados deben presentar a la Comisión para la Igualdad de Oportunidades en el Empleo (EEOC) los datos demográficos de la plantilla, incluidos los datos por categoría laboral y sexo y raza o etnia. Combinados con la información sobre la

---

[84] Papst, C. (2023, 18 de septiembre). *At 13 Baltimore City High Schools, Zero Students Tested Proficient on 2023 State Math Exam*. Extraído de Foxbaltimore.com:
https://foxbaltimore.com/news/project-baltimore/at-13-baltimore-city-high-schools-zero-students-tested-proficient-on-2023-state-math-exam.

acción afirmativa, los datos pueden evaluar si un empleador ha realizado un esfuerzo de buena fe para eliminar las barreras ilegales al empleo, aumentar las oportunidades de empleo y producir resultados mensurables. Los esfuerzos de buena fe pueden incluir programas de aprendizaje, reembolso de matrículas, anuncios de empleo eficaces y esfuerzos de contratación destinados a contratar a minorías infrarrepresentadas. Si analizamos los datos de la EEOC y de la acción afirmativa, obtendremos una imagen más clara de los esfuerzos realizados para acabar con las prácticas de contratación discriminatorias que antaño eran habituales en Estados Unidos[85].

Las anteriores son solo formas sugeridas de proporcionar cierto alivio a quienes siguen afectados por las consecuencias de la trata de esclavos en el Atlántico. Existen otras posibilidades que también deberían explorarse.

---

[85] US Equal Employment Opportunity Commission. (2023, 30 de septiembre). *EEO-1 Data Collection*. Extraído de Eeoc.gov: https://www.eeoc.gov/data/eeo-1-data-collection#:~:text=The%20EEO%2D1%20Component%201,race%20or%20ethnicity%2C%20to%20the.

Capítulo 10: Reexaminando la historia: Perspectivas críticas sobre la trata de esclavos

La historia es como un manual para la humanidad. El estudio del pasado nos permite analizar cómo diferentes personas afrontaron acontecimientos o cambios que afectaron drásticamente a sus vidas y a las de sus hijos. Ahora bien, lo que la historia no puede ser es una colección de fábulas.

El comercio atlántico de esclavos generó copiosas cantidades de textos sobre los negocios y las economías que se centraban en los seres humanos como mercancía. Deberíamos escandalizarnos ante algunas de las historias que surgieron del Pasaje del medio. Sin embargo, debemos estar seguros de que no se trata de leyendas sin fundamento tejidas de la nada. Los hechos deben prevalecer sobre nuestras emociones.

Las narrativas

Las narraciones de esclavos son una importante fuente de información sobre la trata atlántica. En ellas, tenemos los relatos personales de quienes soportaron el viaje y la humillación del bloque de subastas. La intención original era informar al público de los horrores de la esclavitud. Sin embargo, el texto también pretendía conmocionar al lector para que pasara a la acción y hablara de la abolición. Las narraciones eran un llamamiento directo a la conciencia de las personas.

La autenticidad de las narraciones de esclavos merece algún tipo de evaluación para comprobar su exactitud. La comparación de dos narraciones que fueron escritas en épocas distintas puede ayudar. Por ejemplo, la obra de Olaudah Equiano puede compararse con el relato de otro esclavo que soportó la travesía transatlántica, Joseph Cinque, el líder de la rebelión del *Amistad*.

Los estereotipos más comunes pueden ser cuestionados en las narraciones. A menudo pensamos en los propietarios de esclavos como psicópatas malvados. Sin embargo, en *Doce años de esclavitud*, de Solomon Northrop, el esclavista William Ford es retratado como un hombre bondadoso y religioso. No obstante, esto no significa que la esclavitud fuera una institución benigna. Por el contrario, surge una ironía que yuxtapone los valores cristianos de Ford con la institución deshumanizadora en la que participaba activamente. Los justos esclavistas se vieron envueltos en las cadenas de la hipocresía forjadas por una institución que los hizo ricos, pero que contradecía sus valores.

Bases de datos esenciales

Las bases de datos surgieron como mensajeros cruciales del pasado, portadores de información encapsulada en estadísticas. Nos ayudan a comprender la enormidad de la trata de esclavos en el Atlántico y su impacto en el comercio transcontinental. Las bases de datos también sirven como fuente de sanación. Muchos afrodescendientes se quejan de que no saben de dónde vienen ni la historia de las costumbres que practican. Las bases de datos ayudan a aclarar estas cosas.

Un ejemplo de excelente base de datos sobre la trata de esclavos en el Atlántico es la «Trans-Atlantic Slave Trade Database». Contiene información sobre más de 36.000 viajes entre los siglos XVI y XIX. Es un tesoro de datos primarios que incluye información sobre los barcos negreros, su punto de origen, su destino y los individuos esclavizados atrapados bajo cubierta.

Investigación seminal: Fundadores africanos

David Hackett Fischer, ganador del Premio Pulitzer, publica una importante obra sobre la esclavitud, *African Founders: How Enslaved People Expanded American Ideals* (*Fundadores africanos: Cómo la gente esclavizada expandió los ideales estadounidenses*), en 2022. La obra es el resultado de años de investigación y constituye una historiografía significativa por varias razones.

Narra la historia de la esclavitud en las trece colonias británicas de Norteamérica. El lector puede echar un vistazo a las diversas leyes que regían la esclavitud en colonias como Pensilvania y Massachusetts, así como en las colonias del sur. El autor no se anda con rodeos. Describe un cementerio de esclavos encontrado en la ciudad de Nueva York, donde los restos humanos muestran evidencias de un trabajo agotador. También escribe sobre las leyes de varias colonias que otorgaban a las personas esclavizadas derechos específicos en los tribunales.

La información más valiosa que Fischer comparte es la esclavitud basada en la destreza que formaba parte del comercio de esclavos en el Atlántico. Los traficantes de esclavos no solo buscaban cuerpos; también querían trabajadores competentes. El libro relata cómo a menudo se elegía a los individuos en función de su pericia. Los esclavistas del Nuevo Mundo buscaban individuos expertos en agricultura, metalurgia u otros oficios. Por ello, el comercio de esclavos se dirigió a regiones de África conocidas por sus diversas habilidades. Las zonas donde se sabía que la gente era rebelde solían ser ignoradas.

La discusión de Fischer sobre la esclavitud basada en las destrezas permite tanto a los investigadores como a los lectores comprender que la trata atlántica de esclavos se convirtió en un sector económico muy sofisticado basado en el trabajo forzado.

Analizar la historia

A veces se utiliza la historia para justificar una noción o teoría preconcebida. Esto significa que se afirma la conclusión histórica y luego se reúnen los hechos para apoyarla, en lugar de hacerlo al revés. Esa es una forma peligrosa de ver el registro histórico y ha dado lugar a que se publique y difunda pseudohistoria como si fuera la verdad.

Un ejemplo de libro de texto de esto es *Lost Cause* (*Causa perdida*). Esta visión de la historia sostiene que la esclavitud no fue la causa principal de la guerra de Secesión estadounidense y que la Confederación fue una empresa noble. Hubo otras cuestiones que condujeron a la guerra de Secesión, pero cuando se escarba en ellas, la esclavitud está en la raíz de todas ellas. La *Causa perdida* es una visión basada en un mito del registro histórico que, por desgracia, se abrió camino en los libros de las escuelas públicas estadounidenses. Se han necesitado décadas para eliminar esta mentira de las páginas. Por ello, es esencial que examinemos el pasado sin llevar anteojeras ideológicas.

La historia interpretativa es un medio importante de analizar el pasado. Esencialmente, la historia interpretativa contempla un periodo de tiempo como una imagen estática. El historiador o investigador examina las fuentes históricas primarias (de primera mano) y secundarias (eruditas) y obtiene una explicación basada en la interpretación de los hechos. Es posible que haya más de una explicación, dada la persona que evalúa los hechos. Lo importante es que cualquier interpretación se base en los hechos y no en la política o las emociones.

La interpretación de los hechos puede resultar desconcertante. Hannah Arendt se adentró en una tormenta de críticas e ira cuando su libro, *Eichmann en Jerusalén*, acusó a los líderes judíos de colaborar con los nazis[86]. Lo mismo puede decirse del análisis interpretativo de la esclavitud y la trata de esclavos en el Atlántico. No cabe duda de que la colaboración de diversos gobernantes africanos facilitó la satisfacción de la demanda de esclavos, y las incursiones de esclavos en el interior se consideraron fuentes de ingresos.

También se pueden poner en tela de juicio algunas creencias muy arraigadas. La historia de Crispus Attucks y la masacre de Boston se utiliza a menudo para mostrar la participación de los negros en la lucha por la libertad de Estados Unidos frente a la Corona británica. Sin embargo, el libro de Simon Schama *Rough Crossings* señala que muchos negros del sur eran *tories* y lucharon contra el Ejército Continental[87].

La historia interpretativa va más allá de la recitación de fechas y acontecimientos, y se centra en el análisis y la interpretación de los hechos y las ideas. El pasado se toma en su contexto y no se permite que el presentismo distorsione la imagen histórica. La recompensa es un análisis que se acerca más a la verdad.

Se trata de un punto esencial cuando se trata de examinar la historia. Ocurre con demasiada frecuencia que los activistas sociales de uno u otro tipo intentan que su agenda se escriba en las páginas del pasado. Esta postura política suele ocultar los hechos al público. El presentismo encierra el peligro de introducir demasiadas nociones modernas que no dan una imagen exacta de las motivaciones y situaciones que llevaron a

---

[86] Robin, C. (2015, 12 de mayo). *The Trials of Hannah Arendt*. Extraído de The Nation: https://www.thenation.com/article/archive/trials-hannah-arendt/.
[87] Schama, S. (2006). *Rough Crossings*. Nueva York, NY: HarperCollins Publishers.

la gente a hacer lo que hizo.

La trata de esclavos en el Atlántico no puede descartarse como un acontecimiento histórico menor. Creó y destruyó economías, así como cambió culturas a ambos lados del Atlántico. El análisis de la trata de esclavos atlántica tiene una conclusión firme: la esclavitud está mal, y el trabajo forzado no es un medio aceptable para hacer el trabajo.

Conclusión

La trata de esclavos en el Atlántico es una historia de la tendencia humana a ser inhumano. Hay muy poco redentor en lo que ocurrió, y fueron las heroicas luchas de las personas esclavizadas y de los abolicionistas las que finalmente convencieron a la opinión pública de que la esclavitud era innatamente mala. Una consecuencia lamentable de la saga es que confirma que los seres humanos no siempre son tan amables y compasivos como desearíamos. La avaricia puede convertir en demonios incluso a las mejores almas.

No obstante, la historia debe ser contada. Tenemos que tener en cuenta que, al igual que la gente es capaz de hacer cosas bellas, hay una parte básica de la naturaleza humana que les anima a poner el beneficio por encima de la decencia. La codicia fue la fuerza motriz de lo que ocurrió en el Paso del medio.

La historiografía de la trata atlántica de esclavos ha progresado a lo largo de los años. Ya no tenemos que basarnos únicamente en los relatos. Existen muchas bases de datos que nos permiten analizar lo que ocurrió. Algunas cifras son inquietantes, pero los datos precisos dibujan un panorama que no está contaminado por leyendas o distorsiones deliberadas. Sin embargo, es importante recordar que estas cifras y estadísticas eran seres humanos reales que sufrieron.

Estudiar la trata atlántica de esclavos nos permite comprender mejor ciertas normas culturales presentes en África Occidental. Existen tensiones en África Occidental que pueden remontarse a la trata de esclavos, incluido el odio de unos grupos a otros por el papel que estos últimos desempeñaron para facilitar la esclavitud. Es de esperar que descubrir las razones originales de las animosidades persistentes ayude a crear resoluciones y a promover la sanación.

Sin duda, la trata de esclavos en el Atlántico fue un episodio aterrador y horrible de la historia de la humanidad. También es un reflejo de la tenacidad de aquellos que, aunque hacinados bajo cubierta en las bodegas de los barcos negreros, se negaron a desprenderse de su patrimonio cultural. Se llevaron consigo sus valores y tuvieron el valor de mantenerlos frente a la represión.

Vea más libros escritos por Enthralling History

Bibliografía

Abdul Mohamud, R. W. (2018, 21 de junio). *Britain's Involvement with the New World: Slavery and the Transatlantic Slave Trade.* Extraído de Bl.uk: https://www.bl.uk/restoration-18th-century-literature/articles/britains-involvement-with-new-world-slavery-and-the-transatlantic-slave-trade.

African Passages, Lowcountry Adaptions. (2023, 25 de septiembre). *Slavery before the Trans-Atlantic Trade.* Extraído de African Passages, Lowcountry Adaptions: HYPERLINK "https://ldhi.library.cofc.edu/exhibits/show/africanpassageslowcountryadapt/intr oductionatlanticworld/slaverybeforetrade" https://ldhi.library.cofc.edu/exhibits/show/africanpassageslowcountryadapt/intro ductionatlanticworld/slaverybeforetrade .

Arantes, J. T. (2021, 14 de julio). *Study Highlights the Role of Diplomatic Relations between Dahomey and Brazil in the Slave Trade.* Extraído de Agencia FAPESP: HYPERLINK "https://agencia.fapesp.br/study-highlights-the-role-of-diplomatic-relations-between-dahomey-and-brazil-in-the-slave-trade/36328" https://agencia.fapesp.br/study-highlights-the-role-of-diplomatic-relations-between-dahomey-and-brazil-in-the-slave-trade/36328 .

Araujo, A. L. (2022, 16 de septiembre). *The Woman King Softens the Truth of the Slave Trade.* Extraído de Slate.com: https://slate.com/culture/2022/09/woman-king-movie-true-story-dahomey-amazons-slave-trade.html.

Bibb, H. Capítulo IX. https://pressbooks.library.torontomu.ca/henrybibb/chapter/9/.

Bradshaw, J. (2023, 1 de octubre). *Saint-Domingue Revolution.* Extraído de 64 Parishes: HYPERLINK "https://64parishes.org/entry/saint-domingue-revolution?gclid=EAIaIQobChMIztKE2JqtgQMVRA6zAB1uKgxcEAAYAiA

AEgL9sPD_BwE." https://64parishes.org/entry/saint-domingue-revolution?gclid=EAIaIQobChMIztKE2JqtgQMVRA6zAB1uKgxcEAAYAiA AEgL9sPD_BwE.

Britannica.com. (2023, 1 de octubre). *Haitian Revolution.* Extraído de Britannica.com: HYPERLINK "https://www.britannica.com/topic/Haitian-Revolution%20" https://www.britannica.com/topic/Haitian-Revolution .

Britannica.com. (2023, 19 de septiembre). *Sugarcane and the Growth of Slavery.* Extraído de Britannica.com: HYPERLINK "https://www.britannica.com/place/Cuba/Sugarcane-and-the-growth-of-slavery." https://www.britannica.com/place/Cuba/Sugarcane-and-the-growth-of-slavery.

Brown, William. *Narrative of William W. Brown.* HYPERLINK "https://docsouth.unc.edu/neh/brown47/brown47.html" https://docsouth.unc.edu/neh/brown47/brown47.html .

Buhari, M. (2022, 17 de febrero). *It's Time for a New Economic Deal between the EU and Africa.* Extraído de Politico.com: HYPERLINK "https://www.politico.eu/article/its-time-for-a-new-economic-deal-between-the-eu-and-africa/" https://www.politico.eu/article/its-time-for-a-new-economic-deal-between-the-eu-and-africa/ .

Burnard, T. (2023, 30 de septiembre). *A New Look at the Zong Case of 1783.* Extraído de OpenEdition Journals: https://journals.openedition.org/1718/1808#:~:text=The%20murder%20of%20132%20African,history%20of%20eighteenth%2Dcentury%20abolitionism.

Charleston County Public Library. (2023, 18 de septiembre). *Nearly 1,000 Cargos: The Legacy of Importing Africans into Charleston.* Extraído de Charleston County Public Library: HYPERLINK "https://www.ccpl.org/charleston-time-machine/nearly-1000-cargos-legacy-importing-africans-charleston" https://www.ccpl.org/charleston-time-machine/nearly-1000-cargos-legacy-importing-africans-charleston .

Charleston SC. (2023, 19 de septiembre). *Old Slave Mart Museum.* Extraído de Chaleston-sc.gov: HYPERLINK "https://www.charleston-sc.gov/160/Old-Slave-Mart-Museum" https://www.charleston-sc.gov/160/Old-Slave-Mart-Museum .

Choi, M. (2023, 25 de septiembre). *Necessary Violence in Frederick Douglass's Narrative.* Extraído de Methodist.edu: HYPERLINK "https://www.methodist.edu/wp-content/uploads/2022/06/mr2020_choi.pdf" https://www.methodist.edu/wp-content/uploads/2022/06/mr2020_choi.pdf .

Davies, B. (2020, 25 de febrero). *The Fast Fashion Trash Mountain.* Extraído de Dailymail.co.uk: HYPERLINK "https://www.dailymail.co.uk/news/article-8044313/Shocking-report-reveals-cheap-clothes-resold-end-rotting-Africa.html" https://www.dailymail.co.uk/news/article-8044313/Shocking-report-reveals-cheap-clothes-resold-end-rotting-Africa.html .

DeBoer, F. (2023). *How Elites Ate The Social Justice Movement.* New York, NY: Simon & Schuster.

Experience France. (2023, 30 de septiembre). *The Abbot Raynal, A True Inspiration to the French and American Revolutions.* Extraído de Experiencemyfrance.com: HYPERLINK "https://experiencemyfrance.com/new-blog/the-abbot-raynal-a-true-inspiration-to-the-french-and-american-revolutions" https://experiencemyfrance.com/new-blog/the-abbot-raynal-a-true-inspiration-to-the-french-and-american-revolutions .

Henson, J. *Truth Stanger than Fiction.* HYPERLINK "https://docsouth.unc.edu/neh/henson58/henson58.html" https://docsouth.unc.edu/neh/henson58/henson58.html .

Historical Society of Pennsylvania. (2008, 11 de septiembre). *An English Slave Trader, an African Prince & the Pennsylvania Gazette.* Extraído de Historical Society of Pennsylvania: HYPERLINK "https://hsp.org/blogs/hidden-histories/an-english-slave-trader-an-african-prince-the-pennsylvania-gazette" https://hsp.org/blogs/hidden-histories/an-english-slave-trader-an-african-prince-the-pennsylvania-gazette .

History and Collections. (2023, 30 de septiembre). *The Somerset v Stewart Case.* Extraído de English Heritage: HYPERLINK "https://www.english-heritage.org.uk/visit/places/kenwood/history-stories-kenwood/somerset-case/" https://www.english-heritage.org.uk/visit/places/kenwood/history-stories-kenwood/somerset-case/ .

History Skills. (2023, 14 de septiembre). *The Valladolid Debate: When Europeans Argued About Whether Indigenous People Were Human.* Extraído de Historyskills.com: HYPERLINK "https://www.historyskills.com/classroom/year-8/valladolid-debate/" https://www.historyskills.com/classroom/year-8/valladolid-debate/ .

History.com. (2023, 27 de junio). *Amistad Case.* Extraído de History.com: HYPERLINK "https://www.history.com/topics/slavery/amistad-case" https://www.history.com/topics/slavery/amistad-case .

Johnson, L. S. (2018, 9 de octubre). *Majorities in Sub-Saharan Africa Own Mobile Phones, But Smartphone Adoption Is Modest.* Extraído de Pew Research Center: HYPERLINK "https://www.pewresearch.org/global/2018/10/09/majorities-in-sub-saharan-africa-own-mobile-phones-but-smartphone-adoption-is-modest/" https://www.pewresearch.org/global/2018/10/09/majorities-in-sub-saharan-africa-own-mobile-phones-but-smartphone-adoption-is-modest/ .

Lashmar, J. S. (2023, 19 de agosto). *A Huge Human Drama: How the Revolt That Began on the Gladstone Plantation Led to Emancipation.* Extraído de Theguardian.com: HYPERLINK "https://www.theguardian.com/world/2023/aug/19/how-revolt-gladstone-plantation-led-to-emancipation-demerara-rebellion" https://www.theguardian.com/world/2023/aug/19/how-revolt-gladstone-plantation-led-to-emancipation-demerara-rebellion .

LDHI. (2023, 8 de septiembre). *Slavery before the Trans-Atlantic Trade*. Extraído de Africn Passages, Lowcountry Adaptations: HYPERLINK "https://ldhi.library.cofc.edu/exhibits/show/africanpassageslowcountryadapt/introductionatlanticworld/slaverybeforetrade" https://ldhi.library.cofc.edu/exhibits/show/africanpassageslowcountryadapt/introductionatlanticworld/slaverybeforetrade .

Liberte, Egalite, Fraternite. (2023, 1 de octubre). *The Code Noir (The Blak Code)*. Extraído de Revolution.chnm.org: HYPERLINK "https://revolution.chnm.org/d/335/" https://revolution.chnm.org/d/335/ .

Liberte, Egalite, raternte. (2023, 1 de octubre). *Slavery and the Haitian Revolution*. Extraído de Revolution.chrm.org: HYPERLINK "https://revolution.chnm.org/exhibits/show/liberty--equality--fraternity/slavery-and-the-haitian-revolu" https://revolution.chnm.org/exhibits/show/liberty--equality--fraternity/slavery-and-the-haitian-revolu .

Lieblich, M. (2023, 25 de septiembre). *The Cultural Significance of Solomon Northup's Twelve Years a Slave*. Extraído de U.S. History Scene: HYPERLINK "https://ushistoryscene.com/article/12-years-a-slave/" https://ushistoryscene.com/article/12-years-a-slave/ .

Lodi, C. (2023, 18 de septiembre). *Washing of the Valongo Wharf, Rio de Janeiro (Brazil)*. Extraído de Whc.unesco.org: HYPERLINK "https://whc.unesco.org/en/canopy/valongo/" https://whc.unesco.org/en/canopy/valongo/ .

Lyons, M. (2023, agosto). *The Valladolid Debate on the Rights of Indigenous People*. Extraído de History Today: HYPERLINK "https://www.historytoday.com/archive/months-past/valladolid-debate-rights-indigenous-people" https://www.historytoday.com/archive/months-past/valladolid-debate-rights-indigenous-people .

Maroon History. (2023, 1 de octubre). *Maroon History*. Extraído de Cyber.harvard.edu: HYPERLINK "https://cyber.harvard.edu/eon/marroon/history.html" https://cyber.harvard.edu/eon/marroon/history.html .

Matthews, L. (2020, 23 de septiembre). *Slavery in the Asante Empire of West Africa*. Extraído de Mises.org: HYPERLINK "https://mises.org/mises-wire/slavery-asante-empire-west-africa" \l ":~:text=Asante%20society%20had%20numerous%20uses,as%20domestics%20or%20farm%20laborers" https://mises.org/wire/slavery-asante-empire-west-africa#:~:text=Asante%20society%20had%20numerous%20uses,as%20domestics%20or%20farm%20laborers .

McKenna, A. (2023, 8 de septiembre). *Dahomey*. Extraído de Britannica.com: HYPERLINK "https://www.britannica.com/place/Dahomey-historical-kingdom-Africa" https://www.britannica.com/place/Dahomey-historical-kingdom-Africa .

Middle Passage Ceremonies and Port Markers Project (MPCPMP). (2012, 11 de enero). *Personal Stories of Captured Africans*. Extraído de Middle Passage Ceremonies and Port Markers Project (MPCPMP): HYPERLINK "https://www.middlepassageproject.org/2012/01/11/personal-stories-of-captured-africans/" https://www.middlepassageproject.org/2012/01/11/personal-stories-of-captured-africans/ .

Mitchell, R. (2023, 10 de abril). *The Rise and Fall of Central Africa's Mighty Kingdom of Kongo*. Extraído de Ancient Origins: HYPERLINK "https://www.ancient-origins.net/ancient-places-africa/kingdom-kongo-0018228" https://www.ancient-origins.net/ancient-places-africa/kingdom-kongo-0018228 .

Mohin, A. (2023, 5 de junio). *Who Owns the Benin Bronzes? The Answer Just Got More Complicated*. Extraído de NYTimes.com: HYPERLINK "https://www.nytimes.com/2023/06/04/arts/design/benin-bronzes-nigeria-ownership.html" https://www.nytimes.com/2023/06/04/arts/design/benin-bronzes-nigeria-ownership.html .

Momdou, S. (2017, 13 agosto). *Bussa Rebellion (1816)*. Extraído de BlackPast: HYPERLINK "https://www.blackpast.org/global-african-history/bussa-rebellion-1816/" \l ":~:text=The%20rebellion%20took%20its%20name,by%20the%20British%20in%201838" https://www.blackpast.org/global-african-history/bussa-rebellion-1816/#:~:text=The%20rebellion%20took%20its%20name,by%20the%20British%20in%201838 .

Morris, G. (2017, 1 julio). *Unspeakable Cruelty: Former Slaves Tell Their Stories in Southern University Online Listings*. Extraído de The Advocate: HYPERLINK "https://www.theadvocate.com/baton_rouge/entertainment_life/unspeakable-cruelty-former-slaves-tell-their-stories-in-southern-university-online-listings/article_996926ae-579c-11e7-9d36-13d23afca32d.html" https://www.theadvocate.com/baton_rouge/entertainment_life/unspeakable-cruelty-former-slaves-tell-their-stories-in-southern-university-online-listings/article_996926ae-579c-11e7-9d36-13d23afca32d.html .

Mrcaseyhistory. (2023, 25 de septiembre). *King Afonso I, Letter to King John III of Portugal*. Extraído de Mrcaseyhistory.files.wordpress.com: HYPERLINK "https://mrcaseyhistory.files.wordpress.com/2014/05/king-afonso-i-letter-to-king-john-iii-of-portugal.pdf" https://mrcaseyhistory.files.wordpress.com/2014/05/king-afonso-i-letter-to-king-john-iii-of-portugal.pdf .

Msa.maryland.gov. (2023, 30 de septiembre). *Thoughts upon Slavery*. Extraído de Msa.maryland.gov: HYPERLINK "https://msa.maryland.gov/megafile/msa/speccol/sc5300/sc5339/000091/000000/000001/restricted/2002_09_10/wesley/thoughtsuponslavery.html" https://msa.maryland.gov/megafile/msa/speccol/sc5300/sc5339/000091/000000/000001/restricted/2002_09_10/wesley/thoughtsuponslavery.html .

National Park Service. (2023, 17 de septiembre). *The Middle Passage*. Extraído de Nps.gov: HYPERLINK "https://www.nps.gov/articles/the-middle-passage.htm" https://www.nps.gov/articles/the-middle-passage.htm .

National Humanities Center. (2023, 18 de septiembre). *Slave Auctions*. Extraído de Nationalhumanitiescener.org: HYPERLINK "https://nationalhumanitiescenter.org/pds/maai/enslavement/text2/slaveauctions.pdf" https://nationalhumanitiescenter.org/pds/maai/enslavement/text2/slaveauctions.pdf .

National Humanities Center. (2023, 25 de septiembre). *Suicide among Slaves: A 'Very Last Resort.'* Extraído de Nationalhumanitiesenter.org: HYPERLINK "https://nationalhumanitiescenter.org/pds/maai/emancipation/text2/suicide.pdf" https://nationalhumanitiescenter.org/pds/maai/emancipation/text2/suicide.pdf .

Nunn, N. (2017, 27 de febrero). *Understanding the Long-run Effects of Africa's Slave Trades*. Extraído de cepr.org: HYPERLINK "https://cepr.org/voxeu/columns/understanding-long-run-effects-africas-slave-trades" https://cepr.org/voxeu/columns/understanding-long-run-effects-africas-slave-trades .

Papst, C. (2023, 18 de septiembre). *At 13 Baltimore City High Schools, Zero Students Tested Proficient on 2023 State Math Exam*. Extraído de Foxbaltimore.com: HYPERLINK "https://foxbaltimore.com/news/project-baltimore/at-13-baltimore-city-high-schools-zero-students-tested-proficient-on-2023-state-math-exam" https://foxbaltimore.com/news/project-baltimore/at-13-baltimore-city-high-schools-zero-students-tested-proficient-on-2023-state-math-exam .

Pasciuto, G. (2022, 21 de diciembre). *7 Facts About the Kingdom of Kongo: Africa's Great Catholic State*. Extraído de Thecollector.com: HYPERLINK "https://www.thecollector.com/kingdom-of-kongo-great-catholic-state/" https://www.thecollector.com/kingdom-of-kongo-great-catholic-state/ .

Pbs.org. (2023, 8 de septiembre). *Confronting the Legacy of the African Slave Trade*. Extraído de The Slave Kingdoms: HYPERLINK "http://www.pbs.org/wonders/Episodes/Epi3/slave_2.htm"

http://www.pbs.org/wonders/Episodes/Epi3/slave_2.htm .
PBS.org. (2023, 17 de septiembre). *Insurrection on Board a Slave Ship.* Extraído de Pbs.org: HYPERLINK "https://www.pbs.org/wgbh/aia/part1/1h317.html" https://www.pbs.org/wgbh/aia/part1/1h317.html .

Pbs.org. (2023, 30 de septiembre). *Race: The Power of an Illusion.* Extraído de Pbs.org: HYPERLINK "https://www.pbs.org/race/000_About/002_04-background-02-03.htm" https://www.pbs.org/race/000_About/002_04-background-02-03.htm .

Polat, G. (2023, 19 de mayo). *Queen Nzinga: Badass African Queen That Fought the Portuguese & Won.* Extraído de Trailblazing Women & LGBTQ Folks: HYPERLINK "https://letherfly.org/queen-nzinga-the-portuguese-sold-her-people-into-slavery-so-she-went-to-war/" https://letherfly.org/queen-nzinga-the-portuguese-sold-her-people-into-slavery-so-she-went-to-war/ .

Rediker, M. (2021, 14 de diciembre). *The Transatlantic Slave Trade Ships: Trajectories of Death and Violence Across the Ocean.* Extraído de Thefunambulist.net: HYPERLINK "https://thefunambulist.net/magazine/the-ocean/the-transatlantic-slave-trade-ships-trajectories-of-death-and-violence-across-the-ocean" https://thefunambulist.net/magazine/the-ocean/the-transatlantic-slave-trade-ships-trajectories-of-death-and-violence-across-the-ocean.

Robin, C. (2015, 12 de mayo). *The Trials of Hannah Arendt.* Extraído de The Nation: HYPERLINK "https://www.thenation.com/article/archive/trials-hannah-arendt/" https://www.thenation.com/article/archive/trials-hannah-arendt/.

Rogers, K. (2020, 30 de abril). *The Personal Stories of 3 Enslaved Africans, as Told by Their Bones.* Extraído de Cnn.com: HYPERLINK "https://www.cnn.com/2020/04/30/world/enslaved-african-history-trans-atlantic-slave-trade-trnd-scn/index.html" https://www.cnn.com/2020/04/30/world/enslaved-african-history-trans-atlantic-slave-trade-trnd-scn/index.html .

Saylor.org. (2023, 25 de septiembre). *The Kingdom of Dahomey.* Extraído de The Transatlantic Slave Trade: HYPERLINK "https://learn.saylor.org/mod/book/view.php?id=54827&chapterid=40411" https://learn.saylor.org/mod/book/view.php?id=54827&chapterid=40411 .

Schama, S. (2006). *Rough Crossings.* New York, NY: HarperCollins Publishers.

Schaub, D. (1990, otoño). *Race and the Constitution.* Extraído de National Affairs: HYPERLINK https://www.nationalaffairs.com/public_interest/detail/race-and-the-constitution

https://www.nationalaffairs.com/public_interest/detail/race-and-the-constitution

Sief, K. (2018, 29 de enero). *An African Country Reckons with Its History of Selling Slaves*. Extraído de Washington Post.com: HYPERLINK "https://www.washingtonpost.com/world/africa/an-african-country-reckons-with-its-history-of-selling-slaves/2018/01/29/5234f5aa-ff9a-11e7-86b9-8908743c79dd_story.html" https://www.washingtonpost.com/world/africa/an-african-country-reckons-with-its-history-of-selling-slaves/2018/01/29/5234f5aa-ff9a-11e7-86b9-8908743c79dd_story.html .

Slavery and Remembrance. (2023, 14 de septiembre). *French Slave Trade*. Extraído de Slaveryandremembrance.org: HYPERLINK "https://slaveryandremembrance.org/articles/article/?id=A0097" https://slaveryandremembrance.org/articles/article/?id=A0097 .

Slavery and Remembrance. (2023, 17 de septiembre). *Middle Passage*. Extraído de slaveryandremembrance.org: HYPERLINK "https://slaveryandremembrance.org/articles/article/?id=A0032" https://slaveryandremembrance.org/articles/article/?id=A0032 .

Slavery and Remembrance. (2023, 17 de septiembre). *Slave Ship Mutinies*. Extraído de Slaveryandremembrance.org: HYPERLINK "https://slaveryandremembrance.org/articles/article/?id=A0035" https://slaveryandremembrance.org/articles/article/?id=A0035 .

Slavery and Remembrance. (2023, 14 de septiembre). *British Slave Trade*. Extraído de Slaveryandremembrance.org: HYPERLINK "https://slaveryandremembrance.org/articles/article/?id=A0116" https://slaveryandremembrance.org/articles/article/?id=A0116 .

Slaveryandremembrance.org. (2023, September 8). *Oyo Empire*. Extraído de Slaveryandremembrance.org: HYPERLINK "https://slaveryandremembrance.org/articles/article/?id=A0121" \l ":~:text=Enslaved%20laborers%20provided%20food%20for,and%20eventually%20ended%2C%20Oyo%20suffered" https://slaveryandremembrance.org/articles/article/?id=A0121#:~:text=Enslaved%20laborers%20provided%20food%20for,and%20eventually%20ended%2C%20Oyo%20suffered .

SLP. (2023, 1 de octubre). *Barbados Slave Code (1661-1667)*. Extraído de Slaverylawpower.org: HYPERLINK "https://slaverylawpower.org/barbados-slave-code/" https://slaverylawpower.org/barbados-slave-code/ .

Societe Generale. (2022, 12 de junio). *From The CFA Franc To The eco, A Reform for the Convergence of West African Economies*. Extraído de Societegenerale.com.

Steven J. Mitchell, e. a. (2020, 23 de julio). *Genetic Consequences of the Transatlantic Slave Trade*. Extraído de AJHG: HYPERLINK "https://www.cell.com/ajhg/fulltext/S0002-9297(20)30200-7" https://www.cell.com/ajhg/fulltext/S0002-9297(20)30200-7 .

Students of History. (2023, 17 de septiembre). *The Triangle of Trade*. Extraído de Studentsofhistory.com: HYPERLINK "https://www.studentsofhistory.com/the-triangle-of-trade" https://www.studentsofhistory.com/the-triangle-of-trade .

Sutherland, C. (2007, 16 de julio). *Haitian Revolution (1791-1804)*. Extraído de BlackPast: HYPERLINK "https://www.blackpast.org/global-african-history/haitian-revolution-1791-1804/" https://www.blackpast.org/global-african-history/haitian-revolution-1791-1804/ .

Team, T. E. (2019, 11 de noviembre). *The History of the Kingdom of Dahomey*. Extraído de Blackhistorymonth.org: HYPERLINK "https://www.blackhistorymonth.org.uk/article/section/pre-colonial-history/the-history-of-the-kingdom-of-dahomey/" https://www.blackhistorymonth.org.uk/article/section/pre-colonial-history/the-history-of-the-kingdom-of-dahomey/ .

The Brazilian Report. (2020, 13 de mayo). *Slavery in Brazil*. Extraído de Wilsoncenter.org: HYPERLINK "https://www.wilsoncenter.org/blog-post/slavery-brazil" https://www.wilsoncenter.org/blog-post/slavery-brazil .

The Gilder Lehrman Institute. (2023, 17 de septiembre). *The Middle Passage, 1749*. Extraído de Gilderlehman.org: HYPERLINK "https://www.gilderlehrman.org/history-resources/spotlight-primary-source/middle-passage-1749" https://www.gilderlehrman.org/history-resources/spotlight-primary-source/middle-passage-1749 .

The Guardian. (2023, 30 de septiembre). *The Story of the Zong Slave Ship: A Mass Murder Masquerading as an Insurance Claim*. Extraído de theguardian.com: HYPERLINK "https://www.theguardian.com/law/2021/jan/19/the-story-of-the-zong-slave-ship-a-mass-masquerading-as-an-insurance-claim" https://www.theguardian.com/law/2021/jan/19/the-story-of-the-zong-slave-ship-a-mass-masquerading-as-an-insurance-claim .

The History Press. (2023, 30 de septiembre). *The Slavery Abolition Act of 1833*. Extraído de Thehistorypress.co.uk: HYPERLINK "https://www.thehistorypress.co.uk/articles/the-slavery-abolition-act-of-1833/" https://www.thehistorypress.co.uk/articles/the-slavery-abolition-act-of-1833/ .

Thiebaut, R. (2023, 26 de abril). *The WIC, The Dutch West India Company*. Extraído de Projectmanifest.eu: HYPERLINK "https://www.projectmanifest.eu/the-wic-the-dutch-west-india-company-en-fr/" https://www.projectmanifest.eu/the-wic-the-dutch-west-india-company-en-fr/ .

Thothios.com. (2023, 8 de septiembre). *The Causes and Effects of the Trans-Saharan Trade*. Extraído de Thothios.com: HYPERLINK "https://www.thothios.com/c-1200-to-c-1450/unit-2-networks-of-exchange/trans-saharan-trade/" https://www.thothios.com/c-1200-to-c-1450/unit-2-networks-of-exchange/trans-saharan-trade/ .

UK Parliament. (2023, 30 de septiembre). *Parliament Abolishes the Slave Trade*. Extraído de Parliament.uk: HYPERLINK "https://www.parliament.uk/about/living-heritage/transformingsociety/tradeindustry/slavetrade/overview/parliament-abolishes-the-slave-trade/" https://www.parliament.uk/about/living-heritage/transformingsociety/tradeindustry/slavetrade/overview/parliament-abolishes-the-slave-trade/ .

US Equal Employment Opportunity Commission. (2023, 30 de septiembre). *EEO-1 Data Collection*. Extraído de Eeoc.gov: HYPERLINK "https://www.eeoc.gov/data/eeo-data-collections" \l ":~:text=The%20EEO%2D1%20Component%201,race%20or%20ethnicity%2C%20to%20the" https://www.eeoc.gov/data/eeo-1-data-collection#:~:text=The%20EEO%2D1%20Component%201,race%20or%20ethnicity%2C%20to%20the .

Ushistory.org. (2023, 17 de septiembre). *The Middle Passage*. Extraído de Ushistory.org: HYPERLINK "https://www.ushistory.org/us/6b.asp" https://www.ushistory.org/us/6b.asp .

Williams, F. G. (2023, 14 de septiembre). *The Rise and Fall of Portugal's Maritime Empire, a Cautionary Tale.* Extraído de Byustudies.byu.edu: https://byustudies.byu.edu/article/the-rise-and-fall-of-portugals-maritime-empire-a-cautionary-tale/.

Wiltz, A. (2023, 19 de abril). *Are Creole People a Privileged or Oppressed, or Somewhere in Between.* Extraído de Medium.com: HYPERLINK "https://medium.com/louisiana-creoles/are-creole-people-a-privileged-or-oppressed-or-somewhere-in-between-2f352a9882e" https://medium.com/louisiana-creoles/are-creole-people-a-privileged-or-oppressed-or-somewhere-in-between-2f352a9882e .

World History Commons. (2023, 25 de septiembre). *Excerpt of Letter from Nzinga Mbemba to Portuguese King Jao III*. Extraído de World History Commons: HYPERLINK "https://worldhistorycommons.org/excerpt-letter-nzinga-mbemba-portuguese-king-joao-iii" \l "doc_transcription" https://worldhistorycommons.org/excerpt-letter-nzinga-mbemba-portuguese-king-joao-iii#doc_transcription.

Zeeuwsarchief.ni. (2023, 14 de septiembre). *The Voyage-History*. Extraído de Zeeuwsarchief.ni: HYPERLINK "https://www.zeeuwsarchief.nl/en/themepage/slave-voyage-aboard-the-unity/the-voyage-history/" https://www.zeeuwsarchief.nl/en/themepage/slave-voyage-aboard-the-unity/the-voyage-history/ .

Fuentes de imágenes

[i] *Runehelmet derivado de Aliesin, CC BY-SA 3.0 <https://creativecommons.org/licenses/by-sa/3.0>, vía Wikimedia Commons;* https://commons.wikimedia.org/wiki/File:African_slave_trade.png

[ii] https://commons.wikimedia.org/wiki/File:L%C3%A1zaro_Luis_1563.jpg

[iii] https://commons.wikimedia.org/wiki/File:Slave_ship_diagram.png

[iv] https://commons.wikimedia.org/wiki/File:Burning_of_a_Village_in_Africa,_and_Capture_of_its_Inhabitants_(p.12,_Febrero_1859,_XVI)_-_Copia.jpg

[v] https://commons.wikimedia.org/wiki/File:G%C3%A9n%C3%A9ral_Toussaint_Louverture.jpg

www.ingramcontent.com/pod-product-compliance
Lightning Source LLC
Chambersburg PA
CBHW070337010526
44107CB00004B/532